首都圏版④　最新入試に対応！　家庭学習に最適の問題集‼

慶應義塾幼稚舎

2025年度版 過去問題集

2015～2024年度 実施試験 計10年分収録

問題集の効果的な使い方

①学習を始める前に、まずは保護者の方が「入試問題」の傾向や、どの程度難しいか把握をします。すべての「アドバイス」にも目を通してください。
②各分野の学習を先に行い、基礎学力を養いましょう！
③力が付いてきたと思ったら「過去問題」にチャレンジ！
④お子さまの得意・苦手がわかったら、その分野の学習を進め、全体的なレベルアップを図りましょう！

日本学習図書 ニチガク

目指せ！合格！

家庭学習ガイド
慶應義塾幼稚舎

運動　行動観察　制作　絵画　口頭試問

入試情報

応募者数：男子 934名　女子 598名
出題形態：ノンペーパー形式
面　　接：なし
出題領域：運動、行動観察、制作・絵画、口頭試問

入試対策

2024年度の応募者数も減少傾向にありましたが、社会情勢に関係なく当校の倍率は高倍率であり、付け焼き刃の対策ではよい結果は期待しにくい入試と言えるでしょう。合格の最大のポイントは、課題に対して好奇心を持ち、グループ内で積極的に、楽しく取り組むことです。理想を言えば、大勢の受験者の中で試験官に印象付ける「キラリ」と光るものをアピールすることですが、ただ目立とうとすると逆に悪印象を与えます。まずは、知的好奇心・技量・個性を育みながら、初対面の人と話すのに慣れることができる機会を生活の中で設け、個性をアピールできるだけのコミュニケーション術を学びましょう。

- 2024年度の試験期間は10日間行われました。
- 高倍率の中、ノンペーパー形式の入試で合格を勝ち取るにはそれなりの努力が必要ですが、知識を増やすというよりも、出会いの中で「話を聞く」「説明する」といったことに時間をかけてください。
- 2024年度の入試では「行動観察」が行われました。
- 制作の課題は絵画制作、切る、貼る等の工作が出題されています。2024年度はこれに粘土工作が加わりました。
- 絵を描いている最中にテスターから質問を受けます。絵の上手下手のほか、この受け答えも評価されるようです。
- 制作の中には年齢なりの常識が備わっていないと難しいものがあります。机上の学習はともかく、生活体験を積み重ねることも大切です。

「慶應義塾幼稚舎」について

〈合格のためのアドバイス〉

ノンペーパーの学校ほど、日常生活が合否に大きく関係してきます。特に、当校のように受験者数が多い学校ほど、「目を引く何か」が必要なのは言うまでもありません。

当校の場合、合格を勝ち取るためには、問われている内容、行動をそつなくこなせるだけでは足りません。大胆かつ積極的に楽しみながら取り組むことが要求されます。これは、お友だちとの関わり方、指示の聞き取り、ていねいに物事を進めることなど、日常生活の中で培われる要素ばかりです。

当校の特徴として、課題に入る前に体操着への着替えがあります。衣類の着脱は、日常生活の中で、何度もありますが、脱いだら畳む習慣を身に付けましょう。洗濯物を畳むお手伝いも、衣類を畳むことに慣れる方法の一つですので、ぜひ取り組んでください。どのようにしたらきちんと早く畳めるのか、ていねいさにも気を配り、しっかりと指導してください。

制作・絵画の課題では、創造力・発想力が求められます。もちろん制作や絵画に取り組み、工夫できる力を養う必要がありますが、子どもらしい自由な創造力も大事です。型にはめられ、そつなくこなすことよりも、大胆に創造力や発想力を発揮できるようにすることが大切です。使ったものの後片付けを身につけることも同様です。読み聞かせ、お話づくりなどにもたくさん取り組むことで創造力を育ててください。

質問に対する答え方ですが、言葉に詰まってしまったり、言い間違いを訂正しても評価には関係ありません。大切なことは、自分の考えをしっかりと伝えること、つまり、人の話を理解する力があり、積極的に物事に関わる姿勢を見せることなのです。

試験会場では、まず着替えた際に身に付ける印やゼッケンでグループ分けをされるので、自分がどのグループなのか把握しなければなりません。また、教室への移動の際にもお約束があり、試験課題も複雑な指示があります。答えるのに夢中になりがちですが、指示を聞いたりマナーを守ることも大切です。

当校の試験では、何よりもその指示通りに行動できることが重要です。人のお話をしっかりと聞き、理解する力を養い、個性を尊重し、子どもらしく活き活きと物事に取り組むように導いてください。

〈2024 年度選考〉

◆運動テスト（集団）

◆制作・絵画・行動観察・口頭試問

◇試験が 1 週間以上に渡って行われるので、日によって多少試験内容は異なる。月齢が高くなるにつれて内容は難しいとされる。

◇面接はなし。

◇過去の応募状況

2024 年度	男子 934 名	女子 598 名
2023 年度	男子 961 名	女子 623 名
2022 年度	男子 978 名	女子 700 名

入試のチェックポイント

◇受験番号は…「ランダムに決める」

◇生まれ月の考慮…「なし」

慶應義塾幼稚舎

過去問題集

〈はじめに〉

現在、少子化が叫ばれているにもかかわらず、私立・国立小学校の入学試験には一定の応募者があります。入試は、ただやみくもに学習するだけでは成果を得ることはできません。志望校の過去における出題傾向を研究・把握した上で、練習を進めていくこと、試験までに志願者の不得意分野を克服していくことが必須条件です。そこで、本問題集は小学校を受験される方々に、志望校の出題傾向をより詳しく知って頂くために、出題頻度の高い問題を結集いたしました。最新のデータを含む精選された過去問題集で実力をお付けください。

また、志望校の選択には弊社発行の**「2025年度版　首都圏・東日本　国立・私立小学校　進学のてびき」**をぜひ参考になさってください。

〈本書ご使用方法〉

◆出題者は出題前に一度問題を通読し、出題内容などを把握した上で、**〈 準 備 〉**の欄に表記してあるものを用意してから始めてください。

◆お子さまに絵の頁を渡し、出題者が問題文を読む形式で出題してください。問題を読んだ後で、絵の頁を渡す問題もありますのでご注意ください。

◆**「分野」**は、問題の分野を表しています。弊社の問題集の分野に対応していますので、復習の際の目安にお役立てください。

◆一部の描画や工作、常識等の問題については、解答が省略されているものがあります。お子さまの答えが成り立つか、出題者が各自でご判断ください。

◆**〈 時 間 〉**につきましては、目安とお考えください。

◆本文右端の**［〇年度］**は、問題の出題年度です。**［2024年度］**は、「2023年の秋に行われた2024年度入学志望者向けの考査で出題された問題」という意味です。

◆**学習のポイント**は、指導の際にご参考にしてください。

◆**【おすすめ問題集】**は各問題の基礎力養成や実力アップにご使用ください。

〈本書ご使用にあたっての注意点〉

◆文中に**この問題の絵は縦に使用してください。**と記載してある問題の絵は縦にしてお使いください。

◆**〈 準 備 〉**の欄で、クレヨン・クーピーペンと表記してある場合は12色程度のものを、画用紙と表記してある場合は白い画用紙をご用意ください。

◆文中に**この問題の絵はありません。**と記載してある問題には絵の頁がありませんので、ご注意ください。なお、問題の絵の右上にある番号が連番でなくても、中央下の頁番号が連番の場合は落丁ではありません。

下記一覧表の●が付いている問題は絵がありません。

問題1	問題2	問題3	問題4	問題5	問題6	問題7	問題8	問題9	問題10
					●				
問題11	問題12	問題13	問題14	問題15	問題16	問題17	問題18	問題19	問題20
	●						●		●
問題21	問題22	問題23	問題24	問題25	問題26	問題27	問題28	問題29	問題30
●	●		●	●	●	●			●
問題31	問題32	問題33	問題34	問題35	問題36	問題37	問題38	問題39	問題40
			●	●	●	●	●	●	
問題41	問題42	問題43	問題44	問題45					
●				●					

(得) 先輩ママたちの声！

◆実際に受験をされた方からのアドバイスです。
ぜひ参考にしてください。

慶應義塾幼稚舎

・移動のときの注意として、毎年次の点が伝えられます。「おしゃべりしない」「前の人を抜かさない」「受験票を落とさない」の３つです。日頃から守れるようにしておきましょう。

・準備室では個々に色別の○、△、□、☆、♡などの形を指定されるので、そのマークのシールを服の前後に貼ります。考査は自分の識別マークのところで行います。

・試験時間は合計で1時間40分ぐらいでした。読書などをして待機をしていらした方が多かったようです。

・控え室は教室です。または校舎外で待つこともできます。

・30分ほど早めに行ったほうが、トイレなどが混まなくてよいと思います。

・体操服は「半袖・半ズボン」と指定されていますが、カラフルなものや襟のついたものなどさまざまでした。

・受付の後入り口付近でしばらく待ち、数組集まった時点で控え室に案内されました。当日の流れが記載してある説明書きの用紙をいただき、着替えは後でと書かれてありましたが、控え室に入るとすぐに着替え始めた方がいらっしゃって注意されていました。

・目立つことが最優先のような間違った対策をとらないよう注意しましょう。元気よく行なう中にも、けじめをしっかりつけることが必要です。

・子どもにとってはとても楽しい試験だったようです。「遊び力」が試されるような試験でした。

・日常生活の中で学べることを、親子で積極的に行っていくことが大切だと感じました。

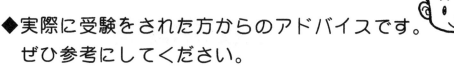

◎学習効果を上げるため、前掲の「家庭学習ガイド」及び「合格のためのアドバイス」をお読みになり、各校が実施する入試の出題傾向を、よく把握した上で問題に取り組んでください。
※冒頭の「本書のご使用方法」「ご使用にあたっての注意点」も併せてご覧ください。

2024年度の最新入試問題

問題1　分野：模倣体操

〈準備〉　床に貼るマーク

〈問題〉　**この問題は絵を参考にして下さい。**

①指折りをします。両手を前に出しパーにします。次は親指から順番に折り、グーにします。今度は小指から順番に開いてパーにします。
②両足を揃えてしゃがみ、次にジャンプしてください。その時両手を広げて上に伸ばします。
③マークの前に立ち、両足を揃えて前、後ろ、右、左へ飛んでください。
④その場で手を腰の両脇に置き、足を少し開き前屈、後屈をしてください。
⑤手を飛行機の羽のように広げてマークの周りを左回り、次に右回りをしてください。
⑥次は片足バランスをします。両手を飛行機の羽のように伸ばし、片方の足を後ろへ伸ばします。次に反対の足で片足バランスをします。

〈時間〉　5分

〈解答〉　省略

アドバイス

実際の考査時は模倣体操はモニターに映し出されての出題でした。モニターを見ての行動になりますが、もし失敗したときは即やり直しをするようにしましょう。また出題された行動を覚える時には、周りのお友達の行動を見るのはやめましょう。もし間違っていた場合、つられて間違ってしまいます。これは身体能力だけでなく、モニターをしっかり観て覚える集中力、記憶力も問われています。日頃から体を動かす遊びなどで瞬発力を養っておきましょう。

【おすすめ問題集】
Jr.ウォッチャー28「運動」、新運動テスト問題集

問題２　分野：運動

〈準 備〉　赤・青のシート（スタート、ゴール用）、コーン（７個）、ゴムひも、ボール、ボールを入れておく箱、的、ライン用テープ

〈問 題〉　この問題は絵を参考にして下さい。

①（問題２－１の絵を参考にしてください）
指定されたマークのところに立ってください。青のシートからスタートし、コーンのところまで走ってください。コーンを回ったら横向きになってギャロップで進みます。ラインのところまで来たら、今度は逆向きのギャロップでゴールの赤のシートまで進みます。

②（問題２－２の絵を参考にしてください）
青のシートから両足跳びでラインまで進みます。ラインからボールのあるコーナーまで走ってください。そこで２回ボールを投げ、的あてをします。投げたボールは拾って元に戻します。終わったら、赤のシートを目指してケンケンで進んでください。途中のラインから反対の足に変えて、ケンケンでゴールの赤のシートまで進みます。

③（問題２－３の絵を参考にしてください）
スタートの青シートでは両ひざをついてスタートの合図を待ちます。初めはゴムひもを張ったコーンの外側をジグザクに走ります。一番奥のコーンを回ったら、帰りはゴムひもを跳び越えてゴールを目指します。

〈時 間〉　15分

〈解 答〉　省略

アドバイス

連続の体操です。体力と身体能力、そして記憶力が問われます。また格好の行動観察の対象になる問題でもあります。競争を含んだ連続運動ですが、競争心が優先し１つ１つの行動がおろそかにならないようにしなければなりません。お友達の失敗を責め立てるのではなく、励まし応援ができるように、また、自分が失敗をしたときは、前向きにやり直して進むように指導してください。待つときの態度こそ観られていますので、しっかり意識して取り組みましょう。

【おすすめ問題集】

Ｊｒ・ウォッチャー28「運動」、新 運動テスト問題集

家庭学習のコツ①　「先輩ママたちの声！」を読みましょう！

本書冒頭の「先輩ママたちの声！」には、実際に試験を経験された方の貴重なお話が掲載されています。対策学習への取り組み方だけでなく、試験場の雰囲気や会場での過ごし方、お子さまの健康管理、家庭学習の方法など、さまざまなことがらについてのアドバイスもあります。先輩ママの体験談、アドバイスに学び、ステップアップを図りましょう！

問題3　分野：行動観察（ゲーム）

〈準 備〉　①ボール（数個）、浅い箱（９個）、深めの青い箱（１個）、テーブル
②カラーコーン（12個）
③ネズミに見立てたもの（２個）、チーズに見立てたもの（２個）、
マスの幅のフェンス（数個）

〈問 題〉　この問題は絵を参考にして下さい。
①～③のうちのどれかを２つのチームに分かれて行う。１チーム６人程度。
①２人１組ずつでやります。ボールが入っている大きな箱のラインのところで、前にある９つの箱をめがけて２人で交互にボールを投げ、箱に入れます。１人２回までできます。１個でも箱に入れば、その先の青い箱にボールを投げて入れます。自分たちのチームの玉がなくなるか、終わりの合図まで全員でやり、青い箱にボールがたくさん入ったチームの勝ちです。
②１チームに数個のコーンが渡されます。コーンは一度に１個か２個、交代で９つのマスに置いていきます。２個の場合は、縦か横に並べて置くことができますが、斜めや離れた場所には置くことはできません。最後の１マスにコーンを置いたチームの勝ちです。次は負けた方のチームから始めます。数回やり、最後は２マス追加してやります。
③５×５のマスの外側にチーズがあります。相手のチーズを先に取った方の勝ちです。じゃんけんをして勝った方から始めます。ネズミは縦か横に１マスだけ進めることができます。妨害用のフェンスは、マス目とマス目の間に置くことができ、動かすことはできません。自分の陣地のフェンスも超えることはできません。ネズミを動かすか、フェンスを置くかのどちらかしかできません。数回行います。

〈時 間〉　15分

〈解 答〉　省略

アドバイス

ゲーム感覚で行われる競争の行動は、勝ち負けにこだわりすぎてルールやマナー違反にならないように注意することが求められます。このような問題は考えて行うことから日頃の豊かな経験が求められ、意欲と工夫がいかに生かされるかになります。同時にほかの人との上手なコミュニケーションの取り方も求められ、いかにチームで考えた戦略を共有できるかが問われる課題とも言えるでしょう。このような課題の対策として、多くの友達との遊びや年齢を問わずコミュニケーションをとることが有効です。物事をやるときに考えを与えるのではなく、自分で考える習慣をつけさせることです。失敗をしたら付加価値が付くように考え、再度挑戦する意欲を持つように指導してください。

【おすすめ問題集】
Ｊｒ・ウォッチャー28「運動」、31「推理思考」、新 運動テスト問題集

問題4　分野：巧緻性　女子への課題

〈準備〉　ポンキーペン、クレヨン、画用紙３枚、コースター３枚、のり、ハサミ、
（問題４－１の絵の太い線に切れ目を入れておく）

〈問題〉　（問題４－１の絵を渡す）
①何処へでも行けるとしたら行きたい所はどこですか。画用紙にその絵を描いてください。コースターにはその時に持って行きたいものを３つ描いてください。絵を描いたコースターはカバンの絵の切れ込みに挟んでください。
質問（制作中）
・何を描いていますか。
・なぜそこへ行きたいのですか。
・どうしてそれを持っていきたいのですか。
（問題４－２の絵を渡す）
②新しい家に引っ越すとしたら、どのような家に住みたいですか。絵を描いてください。新しいお家に置きたいものを、問題４－２の絵から切り取って貼ってください。
質問（制作中）
・どうしてこのような感じのお家に住みたいと考えているのですか。
・このお家に置きたいものは、他にありませんか。
・これを置きたい理由を教えてください。
③今度のお休みには何をしたいですか。それをやるにはどこへ行けばできますか。その絵を描いてください。
質問（制作中）
・なぜそれをやりたいのですか。
・いつごろからやりたいと思っていましたか。
・このようなことは前にもやったことはありますか。

〈時間〉　適宜

〈解答〉　省略

アドバイス

②の課題の置きたいものは、考査時にはシールをはがして貼りました。このような発想は日常生活の中で培われるもので、特に家族の中での話し合いや、普段の遊びなどの経験から養われます。テスターからの質問を見ると、ここで描かれた望んでいることに、一貫性があるかということも観られているようです。このような突発的な質問に答える場合には、語彙力も重要になります。いざという時に自分の考えを簡潔に説明できるよう、日頃のコミュニケーション、普段の会話でも多様な語彙を使うように意識しておきましょう。

【おすすめ問題集】
Ｊｒ・ウォッチャー12「日常生活」、18「色々な言葉」、22「想像画」、
23「切る・貼る・塗る」、24「絵画」、実践ゆびさきトレーニング①②③

問題５　分野：巧緻性　男子への課題

〈準備〉　ポンキーペン、クレヨン、画用紙数枚、のり、ハサミ、６色の色粘土、紙コップ２個、セロテープ、豆数粒、ビーズ数個

〈問題〉　（あらかじめ、絵を描く前の画用紙の裏面に７ピースになるような線を描いておく）

①今一番やりたいことの絵を描いてください。書き終わったらハサミで、裏側の線の通り切ってください。その後にばらばらになったピースで何の絵なのか、お友達に当ててもらいましょう。実際に組み合わせて遊んでください。話し合いを始める前と、終った後にお友達と挨拶をしてください。

質問（制作中）

・何からヒントを得て描いてますか。

・お友達は当てられると思いますか

②（問題５-１の絵を渡す）

ここに描いてある物２つを組み合わせて何かを作るとしたら、どれを使いますか。その２つに○を付けてください。合体をして作ったものを使っている様子の絵をクレヨンで描いてください。描き終わったら色粘土でその道具を作ってください。

質問（制作中）

・何を作ろうとしてますか。

・どうしてそれを作ろうと思ったのですか。

③（問題５-２の絵を渡す）

ここにある道具で魔法のマラカスを作ります。作ったらリズムを取って遊びましょう。遊んだら、この魔法のマラカスでおまじないをして、なりたいことをクレヨンで絵に書いてください。

質問（制作中）

・どんなおまじないをしたのですか。

・どうしてそのおまじないをしたのですか。

〈時間〉　適宜

〈解答〉　省略

アドバイス

考えている最中、作業途中で質問されるとその間は一旦、手を止める必要があります。このような状態が苦手なお子様と、質問後にすんなり元の作業に戻れるお子さまがおりますが、中断されることが苦手なお子さまには、苦手意識をなくすためにも、このような状態を作り訓練しておくとよいでしょう。また、突然聞かれたことに回答するには、自分の考えをしっかり持って事に当たらなければなりません。日頃の自由制作などで、創造して造る、描くなどを保護者の方とともに楽しくやることもおすすめいたします。その時にお互いに質問を投げかけたり、回答したりする機会を設けてください。お子様の語彙力、発想力なども養うことができるでしょう。

【おすすめ問題集】

Ｊｒ・ウォッチャー12「日常生活」、18「色々な言葉」、22「想像画」、23「切る・貼る・塗る」、24「絵画」、実践ゆびさきトレーニング①②③

2023年度以前の入試問題

問題6　分野：常識（生活習慣）

〈準 備〉　体操着、巾着袋または風呂敷、運動靴

〈問 題〉　この問題の絵はありません。
体操着に着替え、運動靴に履き替えましょう。

〈時 間〉　適宜

〈解 答〉　省略

［2023年度出題］

アドバイス

当日、体操着に着替えますが、もちろん、お子さんひとりで着替えることができるようにしておきましょう。着替えだけではなく、脱いだものをきちんと畳み、自分のものとして、巾着袋や風呂敷などにきちんとしまうことまでが求められます。巾着袋や風呂敷に畳んだものを収めるには、入れ方や包み方など慣れが必要です。靴の履き替えも、しっかり立ったまま、片方ずつ足を入れて履きましょう。かかと部分が潰れそうになったら、手を添えて履きましょう。日頃からの生活習慣がとても大切です。

【おすすめ問題集】
口頭試問最強マニュアル「生活体験編」、お助けハンドブック「生活編」
Jr・ウォッチャー30「生活習慣」

問題７　分野：準備体操

〈準備〉　なし

〈問題〉　**この問題は絵を参考にして下さい。**
準備体操をします。

①飛行機バランスをします。右足で立ったまま、両手を広げ、左足を後ろへ上げます。やめと言われるまで頑張りましょう。
②片足立ちをします。今度は、左足で立ちます。やめと言われるまで頑張りましょう。
③飛行機バランスをします。左足で立ったまま、両手を広げ、右足を後ろへ上げます。やめと言われるまで頑張りましょう。
④その場でジャンプします。「１，２、３」の３の時に、高く飛びましょう。３回繰り返します。
⑤指折りをします。両手を前に伸ばしてください。手のひらを、ドアを押すように体の前でパーに開きます。両手の親指から順番に、「ひとつ、ふたつ・・・」と声を出して曲げていきましょう。小指までいったら、次は、小指から立ち上げて、続きの数を声に出して、元の親指まで戻っていきましょう。

〈時間〉　適宜

〈解答〉　省略

［2023年度出題］

アドバイス

移動の無い基本的な運動です。身体のバランスを観ますが、毎日の通学にあたって、とても重要な要素です。バランス体操は、体を揺らさず、その姿勢をしっかりと保とうとする意識がないと、どうしてもふらふらしてしまいます。さまざまな動きを丁寧に慎重にやろうとする気持ちが大切です。

【おすすめ問題集】
Ｊｒ・ウォッチャー28「運動」、新 運動テスト問題集

問題８　分野：行動観察（サーキット）

〈準備〉　ボール、的

〈問題〉　**この問題は絵を参考にして下さい。**
①スタート地点で後ろ向きになり、足を延ばしたまま長座で待機します。
②スタートの合図で立ち上がり、前を向いて、全速で走ります。
③○の地点に着いたら、的に向かい、ボールを投げます。
④折り返します。右ギャロップ（左足が前）、中央の線まで行ったら、今度は向きを変え、左ギャロップ（右足が前）で、ゴールまで行きます。

〈時間〉　適宜

〈解答〉　省略

［2023年度出題］

アドバイス

お手本の映像を見て覚えることと、頭の中で、動きのシュミレーションをすぐに行う必要があります。スピードだけではなく、機敏な動きや判断力なども必要になります。ただ、全てにおいて、一生懸命やろうとする気持ちが一番大切ではないかと思いますので、最後まで、躊躇することなく、自信をもって、しっかりとやり遂げましょう。ゴールでは、必ず、両手・両足を揃えた姿勢で終わらせましょう。

【おすすめ問題集】

Ｊｒ・ウォッチャー28「運動」、新 運動テスト問題集

問題9　分野：行動観察（サーキット）

〈準 備〉　三角コーン（６個）、ボール、的、ゴム紐

〈問 題〉　**この問題は絵を参考にして下さい。**

①スタート地点では、正面を向いて、足を延ばしたまま着座して待機します。
②スタートの合図で、三角コーンをジグザクに走り、○の地点まで進みます。
③○の地点にあるボールを、的に向かって投げます。
④折り返しは、３つある三角コーンの間のゴム段を、跳ぶ、くぐる、跳ぶ、の順番で超えて、ゴールへ向かいます。

〈時 間〉　適宜

〈解 答〉　省略

［2023年度出題］

アドバイス

お手本を見て覚えることと、頭の中で、動きのシュミレーションをすぐに行う必要があります。スピードだけではなく、機敏な動きや判断力なども必要になります。ただ、失敗しても全てにおいて、一生懸命やろうとする気持ちが一番大切ではないかと思いますので、最後まで、躊躇することなく、自信をもって、しっかりとやり遂げましょう。ゴールでは、必ず、両手・両足を揃えた姿勢で終わらせましょう。

【おすすめ問題集】

Ｊｒ・ウォッチャー28「運動」、新 運動テスト問題集

家庭学習のコツ①　「先輩ママたちの声！」を読みましょう！

本書冒頭の「先輩ママたちの声！」には、実際に試験を経験された方の貴重なお話が掲載されています。対策学習への取り組み方だけでなく、試験場の雰囲気や会場での過ごし方、お子さまの健康管理、家庭学習の方法など、さまざまなことがらについてのアドバイスもあります。先輩ママの体験談、アドバイスに学び、ステップアップを図りましょう！

問題10　分野：行動観察（サーキット）

〈準 備〉　三角コーン（１個）、ボール、的

〈問 題〉　この問題は絘を参考にして下さい。

①スタートラインから三角コーンを回って、元のラインのところまで走ります。
②次は、折り返します。三角コーンに向かい、右足でケンケンをしながら、進みます。
③中央のピンク色の線まで来たら、足を替えて、左足ケンケンで三角コーンまで進みます。
④三角コーンに着いたら、置いてあるボールを的に向かって投げます。
⑤自分のやりやすい方の足で、ケンケンをしながら、始めのスタート地点まで進みます。

〈時 間〉　適宜

〈解 答〉　省略

［2023年度出題］

アドバイス

最初の走りは、できるだけ全速力で走りましょう。肝心なのは、次の指示を忘れないことです。また、ケンケンするときの、自分の利き足が事前にわかっていることも重要です。ケンケンをしている時の体勢や腕の振りなども目につきます。体はあまり揺らさず、腕は走る時のように、曲げたままでできると良いでしょう。返りのケンケンでゴールまで片足で進むには、やや苦しくなっているかもしれませんが、一生懸命やっていることは必ず伝わります。

【おすすめ問題集】

Ｊｒ・ウォッチャー28「運動」、新 運動テスト問題集

問題11　分野：制作（想像画）

〈準 備〉　ハサミ、ポンキーペン（12色）、のり、セロハンテープ、折り紙、マスキングテープ

〈問 題〉　（問題11-１、11-２の絵を渡す）

すごろくを作ります。
①まずは、サイコロの図を線に沿ってハサミで切ります。
②ひとつの面には、自分の顔を描きます。その反対側になる面には、大きくなった時になりたい自分の絵を描きます。他の面は、自由な絵を描いて、ちょっと変わったサイコロを作りましょう。
③次に、すごろくを作ります。すごろくは、大きな□から始まります。そこには、何かをした時に失敗してしまった自分の顔の絵を描きましょう。途中の小さな□は、自由に絵を描いてください。最後のゴールの□には、成功した時の自分の顔の絵を描きましょう。

〈時 間〉　15分

〈解 答〉　省略

［2023年度出題］

アドバイス

展開図からサイコロに仕上げた時の状態がわかっていないと、指示の通りに絵を描くことはできません。サイコロを立体的にする際の材料の中に、マスキングテープが含まれています。ここもポイントです。セロハンテープものりも貼り合わせる材料ですが、マスキングテープとの違い、つまり、マスキングテープを使って留める方の利便性、手でちぎれるので時短になる、剥がして修正しやすい、などの特性を知っているかどうか、これも学校側の着目点でしょう。また、作業の途中で、先生方から質問されるので、その際は作業中といえども、手を止めて、先生の方を向き、きちんと受け答えできるよう指導しましょう。

【おすすめ問題集】

実践ゆびさきトレーニング①②③、
Ｊｒ・ウォッチャー22「想像画」、24「絵画」、58「マナーとルール」

問題12 分野：制作（想像画）

〈準 備〉 画用紙、水性クレヨン（12色）

〈問 題〉 **この問題の絵はありません。**
世の中には、思いもよらないこと、みなさんの想像をはるかに超えることが時々起こりますね。例えば、突然の地震。地面や建物がぐらぐら揺れて怖いですね。でも素敵なこともあります。例えば、流れ星。高い山に行って夜空を見ると、流れ星を観ることができます。星が流れている間に、願いごとをすると願いが叶う、と昔から言われています。海に行ってみると、穏やかな波の時もあれば、気象の状況によっては、高い波、荒れた海を目にすることもあります。地球のエネルギーや不思議な出来事に驚くことが沢山ありますね。さて、みなさんは、見たことがないと思いますが、妖怪を知っていますか。もし、みなさんが妖怪に出会ったら、どうしますか。その妖怪は何をしていると思いますか。みなさんの想像する妖怪が、何かをしている様子を絵に描いてみてください。

〈時 間〉 15分

〈解 答〉 省略

［2023年度出題］

アドバイス

このような問題には、正解はありません。これまでのお子さんの経験や知識から発展して、その場で生み出す力や、立ち向かう姿勢を学校側は期待しているものと思います。国内外問わず、昔話には、少し怖いと思われるお話が、いくつもありますね。そういったお話を元に、お子さんなりの自由な発想で描けるとよいでしょう。もちろん、楽しい妖怪でも良いのです。発想のより豊かなお子さんを学校は、求めています。当たり前ではない、自由で、個性的な独創性のある絵が描けるとよいと思います。この課題では、初めて水性クレヨンが材料として出されました。水でふき取ることができるので、一度使って慣れておきましょう。

【おすすめ問題集】

Ｊｒ・ウォッチャー22「想像画」、24「絵画」

問題13　分野：制作（想像画）

〈準 備〉　画用紙、○シール、○△□などが書かれた台紙、ハサミ、のり、ポンキーペン（12色）

〈問 題〉　（問題13の絵を渡す）
シールや台紙に書かれた形を切り取り、画用紙に貼って、「誰も知らない秘密基地」の絵を仕上げましょう。

〈時 間〉　15分

〈解 答〉　省略

［2023年度出題］

アドバイス

本校の特徴として、「不思議」「未来」「見たことのない」「宇宙」「ありえない」など、あまり身近ではない題材が、制作や絵画に使われることが多いです。この中で、今回の課題は、「秘密基地」です。いずれの課題も、個々の想像力や工夫する力などが試されています。スケールの大きい課題ですので、ダイナミックな発想を表現できるとよいですね。また、その発想を元に制作したり、描くだけではなく、説明する力、訴える力も必要です。決して、知識や技術だけを求めているわけではないと思われます。

【おすすめ問題集】
Ｊｒ・ウォッチャー22「想像画」、24「絵画」

問題14　分野：制作（想像画）

〈準 備〉　画用紙（１枚）、ハサミ、スティックのり、クレヨン（12色）

〈問 題〉　（問題14-１、14-２の絵を渡す）
①動物の絵が描かれた画用紙から、いくつか選んで切り取り、動物どうしを合体させて、こんな動物がいたらおもしろいなぁというような、今までに見たことのない動物を作りましょう。
②外枠だけ描かれた画用紙の外側だけ好きな色で塗り、額縁のように仕上げましょう。
③額縁の中に、自分で作った、見たことのない動物を貼りましょう。
④残りの画用紙には、人助けをしている絵を描きましょう。

〈時 間〉　１5分

〈解 答〉　省略

［2023年度出題］

アドバイス

過去には、電化製品などを合体させた「見たことのない便利なもの」の課題が出されましたが、今回は、動物を合体させて「見たことのない動物」の制作の問題です。イメージ的には、ユニコーンでしょうが、また一味違う発想を求めていると思います。難しいのは、その後の「人助け」の絵です。この学齢で人助けをしたという感覚は、きっと持ち合わせたことがないでしょうが、泣いている子をなぐさめたり、落ちている財布を交番に届けたり、などの些細なことも人助けです。もっと大きなスケールで考えられるお子さんならば、医師としての働きや未開拓地での開拓や支援など、グローバルな絵が描けるかもしれません。日頃から、世界情勢のニュースを話して聞かせることで、視野が広がるでしょう。

【おすすめ問題集】

Ｊｒ・ウォッチャー22「想像画」、24「絵画」

問題15　分野：行動観察

〈準備〉　パズルの絵

〈問題〉　この問題は絵を参考にして下さい。
パズルゲームです。パネルと同じカードを見つけて、一人ずつ、同じ場所にあてはめにいってください。

〈時間〉　10分

〈解答〉　省略

[2023年度出題]

アドバイス

短時間で、左側の絵の位置を覚え、ひとりずつ走った先（上の絵）の中から、同じものを選んで、右側のパネルにはめていくゲームです。緊張していると、選んでいるうちに混乱してしまうかもしれません。記憶する力とともに、自信や度胸も必要になります。何事も自信を持ってできるようにするためには、日頃からお子さんがひとりでできることを増やすことです。そして、沢山褒めることです。自信は大きな力になります。危険が無い限り、お子さんを信じて見守りながら、自分ひとりでできることを増やしていきましょう。できても、できなくても、見守り、応援し、褒めることを忘れてはいけません。

【おすすめ問題集】

Ｊｒ・ウォッチャー22「見る聴く記憶」、46「回転図形」、
苦手克服問題集「記憶」

問題16　分野：行動観察

〈準備〉　形が描かれたカード

〈問題〉　この問題は絵を参考にして下さい。
パズルゲームです。パネルと同じカードを見つけて、一人ずつ、同じ場所にあてはめにいってください。

〈時間〉　10分

〈解答〉　省略

［2023年度出題］

アドバイス

小集団で行われていますが、内容は、個別観察です。グループでの相談はありませんので、ひとりひとり見本を見てしっかり覚え、前の人が選んだ以外で、空いているマスを埋めなくてはいけません。よって、待機中もしっかりと見本を覚えておく必要があります。集中力・記憶力・判断力など、総合された力を試されることになります。

【おすすめ問題集】
Ｊｒ・ウォッチャー22「見る聴く記憶」、29「行動観察」、
苦手克服問題集「記憶」

問題17　分野：行動観察

〈準備〉　プラレール、魚釣りゲーム、オセロゲーム、吹き流しなど。

〈問題〉　この問題は絵を参考にして下さい。
ここにあるもので、自由に遊びましょう。ただし、「大声は出さない」「走らない」「けんかはしない」が、お約束です。

〈時間〉　10分

〈解答〉　省略

［2023年度出題］

アドバイス

ここでは、自由遊びの課題ですので、子どもらしく、夢中になって遊ぶことが一番です。始めに言われたお約束を忘れずに行うこと、どのコーナーで遊ぶにしても、ひとりだけで楽しむのではなく、お友達に声掛けをして、「けんかをせず」に遊べるとよいでしょう。お約束では、「大声を出さない」なので、マスクをした上での声掛けであれば、学校側も「どうぞ」ということです。お友達と、「次は、どれで遊ぼうか。」などの相談ができると、より良いでしょう。もしくは、一か所で、相談しながら、徹底的に工夫を凝らした遊びができるかどうかも、期待されていると思います。吹き流しを、どのようにして遊ぶか、これも観察すべき点です。

【おすすめ問題集】
Ｊｒ・ウォッチャー「行動観察」

問題18　分野：出願時アンケート（保護者向け）

〈準 備〉　なし

〈問 題〉　この問題の絵はありません。
①自由記入欄（志望理由、志願者の様子、家庭の方針等。）
②お子さまを育てるにあたって、「福翁自伝」を読んで感じるところをお書きください。

〈時 間〉　適宜

［2023年度出題］

アドバイス

自由記入欄ですが、カッコ内にかかれている順番で、まずは簡潔明瞭に書きましょう。願書を書くにあたっては、伝えたいこと、エピソード、親の思いや願いなど、項目別に概要をまとめておくと良いと思います。ご自身やご家庭を主張するのではなく、学校側の思いや方針など、全ての土台になっている「福翁自伝」を熟読され、学校側の求めている生徒像やご家庭の在り方を考えながら、ご自身の言葉で書かれると良いでしょう。

【おすすめ問題集】
新 願書/アンケート文例集500、知っておくべき125のこと、
子育ては「親育」、子どもの帝王学

問題19　分野：運動（サーキット運動）

〈準 備〉　三角コーン、ゴムひも

〈問 題〉　この問題は絵を参考にしてください。
これから見本を見せますので、その通りに真似をしてください。
①スタートの白い線のところで、うつ伏せになってください。
②「ヨーイドン」と言ったら起き上がって走り、コーンを回ってかえってきてください。
③走っている途中のゴム段を３つ跳んでください。
④ジグザグ走りをして、コーンを回って、ゴム段を跳んでください。
⑤横ギャロップをして、途中で向きを変えて、コーンを回って、スキップ、ケンケンをしてかえってきてください。

〈時 間〉　適宜

〈解 答〉　省略

［2022年度出題］

アドバイス

例年こうしたサーキット運動が課題になります。「まず獣身を成して而して後に人心を養う」という当校のポリシーを聞いてしまうと、運動能力をチェックしているのではないかと思ってしまいますが、この年頃のお子さまの運動能力にそれほど差はありません。指示に従って、お子さまなりの動きができれば悪い評価は受けないでしょう。特別な準備をする必要もありません。お子さまには、指示に従うこと、積極的に行動すること、上手くできなくても最後までやること。この３つのアドバイスで充分ではないでしょうか。

【おすすめ問題集】

新運動テスト問題集、Ｊｒ・ウォッチャー28「運動」

問題20　分野：行動観察

〈準　備〉　「？」が描いてあるA４の画用紙、ハサミ、クレヨン

〈問　題〉　**この問題の絵はありません。**

①指示に従ってグループを作ります。
②「？」が描いてある紙があります。「？」のまわりには□（四角）が描いてあり、その□（四角）にそってハサミで切ってください。
③切り取った「？」が描いてある紙のうらに絵を描いてください。
④自分で描いた絵を見て、何を描いたかわかるように、みんなにヒントを出してください。

〈時　間〉　15分

〈解　答〉　省略

［2022年度出題］

アドバイス

これは、自分で描いた絵を、いかにわかりやすく上手に説明できるかがポイントです。描いたものの名前を言うのではなく、自分なりの言葉で、特徴を相手に伝えられる言語力が試されます。ふだんの生活から、図鑑や絵本などを見たり、保護者の方が読み聞かせたり触れさせる場を設けたりするなど、いろいろなものや新しいものに興味を持たせることが、このような課題の対策となります。

【おすすめ問題集】

Ｊｒ・ウォッチャー24「絵画」、29「行動観察」

問題21　分野：制作（想像画）

〈準　備〉　箱、画用紙、ハサミ、ノリ、テープ、クレヨン

〈問　題〉　この問題の絵はありません。
（画像が映し出されているモニターを観て）
①「新しい乗り物を作りたいが、アイデアをくれ」と言われる。
②実際に、新しい乗り物を考えて作ってください。
③描いたその乗り物が、活躍する絵を描いてください。
※「それは何ですか」「どう活躍するのですか」などの質問を受ける。

〈時　間〉　15分

〈解　答〉　省略

［2022年度出題］

アドバイス

当校の制作分野は、ものを作る→絵を描くといったものが毎年見られます。想像して制作し、それを絵に描くという一連の行動は、素早く頭のなかでまとめなくてはなりません。上手に作ることはありませんが、制限時間があるからといって雑にするのとは違います。ここで注意しなくてはならないのが、「新しい乗り物」という点です。子どもならではの、発想力と好奇心も試されています。

【おすすめ問題集】
実践 ゆびさきトレーニング①②③、Ｊｒ・ウォッチャー22「想像画」

問題22　分野：制作（想像画）

〈準　備〉　白い箱、色画用紙、画用紙、ハサミ、ノリ、クレヨン

〈問　題〉　この問題の絵はありません。
（画像が映し出されているモニターを観て）
①海にいる、あなたが見たこともない動くものを、箱に色画用紙を貼って作ってください。
②あなたが作ったものを、海で動いている様子を描いてください。
※なぜ、それを作ったか。
この絵に描いてあるものは、どんな役割をするのかという質問を受ける。

〈時　間〉　15分

〈解　答〉　省略

［2022年度出題］

アドバイス

当校の制作分野で、ものを作る→問いに答える、絵を描く→問いに答える、といった問題は毎年出題されています。ここで問われているのは、絵を上手に描くことではなく、自分で描いた絵についてきちんと答えられるかということです。普段の生活で、お子さまとの会話は、保護者の方が問う→お子さまが答える、お子さまが問う→保護者の方が答える、で終わりにするのではなく、なるべく長く会話のキャッチボールをしてください。それによってお子さまの語彙も増え、言葉の使い方も備わりますし、会話をしながら「考えて答える」ことも身につきます。

【おすすめ問題集】
実践 ゆびさきトレーニング①②③、Ｊｒ・ウォッチャー22「想像画」

問題23　分野：運動（サーキット運動）

〈準 備〉　三角コーン、ボール、ボールを入れるかご、的

〈問 題〉　**この問題は絵を参考にしてください。**
これから見本を見せますから、その通りに真似をしてください。
①スタートの白い線でうつ伏せになってください。
②「ヨーイドン」と言ったら起き上がって、走ってコーンを回ってください。
③白い線のところまで来たら、ギャロップ（両足揃えて跳ぶ）をして次の白い線（スタートしたところ）まで行ってください。
④スタートした白い線まで来たら、スキップをしてコーンを回ってください（2周目に入る）。
⑤ボールの近くに引かれた白い線のところまで来たら、かごからボールを取り出して、ボールをコースの横に置いてある的に当ててください。的あてをしたらスキップでスタートの線まで行ってください。

〈時 間〉　適宜

〈解 答〉　省略

［2021年度出題］

アドバイス

毎年こうしたサーキット運動が課題になります。「まず獣身を成して而して後に人心を養う」という当校のポリシーを聞いてしまうと、運動能力をチェックしているのではないかと思ってしまいますが、この年頃のお子さま運動能力にそれほど差はありません。指示に従って、お子さまなりの動きができれば悪い評価は受けないでしょう。特別な準備をする必要もありません。お子さまには、指示に従うこと、ふざけた態度をとらず積極的に行動すること、この２つをアドバイスしておきましょう。待つ態度も大切です。

【おすすめ問題集】
Ｊｒ・ウォッチャー28「運動」、新 運動テスト問題集

問題24　分野：制作（想像画）

〈準 備〉　折り紙（3枚）、画用紙、クレヨン、のり、ハサミ

〈問 題〉　**この問題の絵はありません。**
①（カエルなど3種類の折り紙の折り方の動画がモニターに映される）
　3つの折り紙から1つ、好きなものを折ってください。
②折り紙を折ったら、画用紙に貼ってください。
③折り紙の周りに絵を描いてください。
※「（折り紙の周りに）何を描いていますか」「なぜそれを描いていますか」などの質問を受ける。

〈時 間〉　15分

〈解 答〉　省略

[2021年度出題]

アドバイス

当校の制作問題のほとんどは、絵を描く→絵についての質問、というパターンで行われます。ここでは折り紙も制作するのですが、簡単なものですから、ほとんど同じパターンの出題と言ってよいでしょう。質問の内容もある程度は決まっていて、「それは何か」「なぜそれなのか」という質問です。作業をしながらある程度答えを考えておけば、質問に対して余裕を持った対応ができるでしょう。なお、絵の出来については、年齢なりに何が描かれているかがわかれば充分です。道具の使い方、後片付け等のしつけもしておくことです。

【おすすめ問題集】
　実践 ゆびさきトレーニング①②③、Ｊｒ・ウォッチャー22「想像画」

問題25　分野：制作（想像画）

〈準 備〉　クレヨン、画用紙、デッサン人形

〈問 題〉　**この問題の絵はありません。**
①デッサン人形に好きなポーズを取らせてください。
②紙の真ん中にその人形を描いてください。
③人形の周りに絵を描いてください。
※「（人形の周りに）何を描いていますか」「人形は何をしているのですか」などの質問を受ける。

〈時 間〉　15分

〈解 答〉　省略

[2021年度出題]

アドバイス

デッサン人形というのは、文字通りデッサンを描くための人形で、ポーズを固定できる人形です。手元にないようなら、フィギュアなどで代用してください。発想力のテストではないので変わったポーズをとらせることはなく、説明できるポーズにしておけば無難でしょう。個性的なのはよいことかもしれませんが、伝える言葉を持っていないと理解されません。お子さまにそういった画力やコミュニケーションを期待するのは無理というものです。無理に目立つことはないのです。

【おすすめ問題集】
実践 ゆびさきトレーニング①②③、Ｊｒ・ウォッチャー22「想像画」

問題26 分野：制作（想像画）

〈準 備〉 クレヨン、画用紙、Ａ５サイズの画用紙（３枚）、のり

〈問 題〉 **この問題の絵はありません。**

①大きな紙（画用紙）に旅行に持っていくかばんを描いてください。
②小さな紙にそのかばんに入れるものを描いてください。
③小さな紙を大きな紙に貼り付けてください。
※「それは何ですか」「どこへ（旅行に）行くのですか」などの質問を受ける。

〈時 間〉 15分

［2021年度出題］

アドバイス

前述した通り、発想の豊かさを観点にしているわけではないので、面白い絵や変わった絵を無理に描く必要はありません。「旅行に行くならかばんに何を入れていくか」という常識的な設問ですので、経験があればそれをもとにした方が後の質問に答えやすくなるでしょう。なお、合計４枚の絵を描くことになるので当校の制作課題としては珍しく、作業も効率よく進めないと時間が足りなくなるかもしれません。課題がわかった時点で時間が短いことを意識して練習を積んでおきましょう。

【おすすめ問題集】
実践 ゆびさきトレーニング①②③、Ｊｒ・ウォッチャー22「想像画」

家庭学習のコツ② **「家庭学習ガイド」はママの味方！**

問題演習を始める前に、試験の概要をまとめた「家庭学習ガイド（本書カラーページに掲載）」を読みましょう。「家庭学習ガイド」には、応募者数や試験課目の詳細のほか、学習を進める上で重要な情報が掲載されています。それらの情報で入試の傾向をつかみ、学習の方針を立ててから、対策学習を始めてください。

問題27　分野：制作（想像画）

〈準備〉　クレヨン、画用紙、ロボットのミニュチュア

〈問題〉　**この問題の絵はありません。**
①紙の真ん中にロボットを描いてください。
②あなたがロボットにしてもらいたいことがわかるように、ロボットの周りに絵を描いてください。
※「（ロボットの周りに）何を描いていますか」「ロボットに何をさせたいのですか」などの質問を受ける。

〈時間〉　15分

〈解答〉　省略

［2021年度出題］

アドバイス

男子の志願者向けにはロボットや宇宙人といった男の子が好みそうな設定が多いような気がします。自由な発想で答えやすいという考えなのかもしれません。こうした課題では特にこう描くという答えのようなものはないので、自由な発想で描いて構わないでしょう。ただし、説明できないと良い評価をしてもらえないというのは、ほかの課題と同じです。絵を描く練習に、それを言葉にする、質問に沿った答えを相手にわかるように話すという練習も並行して行うようにしてください。

【おすすめ問題集】
実践 ゆびさきトレーニング①②③、Ｊｒ・ウォッチャー22「想像画」

問題28　分野：行動観察

〈準備〉　マット、ペットボトル（10本）、ボール（大・中・小）
※問題28の絵を参考に、あらかじめマットを裏返しにしておき、その上にボーリングのピンとしてペットボトルを並べておく

〈問題〉　※５～６名程度の２グループで実施する。
この問題は絵を参考にしてください。
これから３種類のボールを渡しますから、そのボールを使ってできるだけ早くペットボトルを倒してください。投げる位置は、問題28の絵のボールが置いてあるところです。１人が投げられるのは３回までです。２回目からはペットボトルを自分たちで並べてください。全部のペットボトルを３回倒したら終了です。

〈時間〉　約10分

〈解答〉　省略

［2020年度出題］

アドバイス

考えさせる要素を含んだ行動観察の問題です。当校の入試では、こうした課題で細かな指示がありません。ですから、自ら考えて積極的に行動に移すことです。ボーリングのピンに見立てたペットボトルを、どのように並べると効率よく倒せるのか、どの大きさのボールを誰がどういう順番で投げるのか、といった課題にも気付き、対応を考え、グループで相談してから行動するということです。無理に「仕切る」ことはありませんが、何が問題になっているのかを理解している（賢い）、相談してから行動している（協調性がある）、問題を解決する手段を提案できる（アイデアが豊か、頭の回転が速い）といったことをアピールしたいなら、ある程度はイニシアチブを取った方がよいかもしれません。

【おすすめ問題集】

Ｊｒ・ウォッチャー29「行動観察」

問題29　分野：制作

〈準備〉　プラスチックのコップ（透明のもの）、セロハンテープ、折り紙（適宜）、モール、クレヨン、画用紙、のり、ハサミ

〈問題〉　（問題29の絵を渡す）
不思議なジュースを飲むと周りの様子が変わります。
①コップの内側にここにあるものを貼って、「不思議なジュース」を作ってください。
②そのジュースを飲むと周りの様子はどのようになりますか。画用紙にクレヨンで描いてください。
③制作中または制作後にテスターから質問を受ける。
例）「これは何のジュースですか」
「どうしてこのように周りの様子が変わるのですか」など。

〈時間〉　制作10分

〈解答〉　省略

［2020年度出題］

アドバイス

女子の志願者に出題された「制作をしてから（しながら）、作ったものについて質問される」という流れの制作問題です。作品の出来よりは、作品についての質問に対してきちんと説明できているかということに、保護者の方は注目してください。「きちんと」というのは滑舌の問題ではなく、質問に沿った答えを言えているかということです。当校は超のつく難関校ですから、基本的な会話ができなければ評価の対象にもならない、ぐらいに考えても大げさではないでしょう。会話の流れやテスターとの相性もありますから、こうすればよいというものはありませんが、「何を聞かれているかがわかる」「相手にわかる説明ができる」ということが、この問題のポイントであることに間違いはありません。試験に臨む時には、そのことをあらかじめ伝えておきましょう。

【おすすめ問題集】

実践 ゆびさきトレーニング①②③、Ｊｒ・ウォッチャー29「行動観察」

問題30　分野：制作

〈準 備〉　クレヨン、画用紙

〈問 題〉　この問題の絵はありません。

お話を聞いてください。

ある日、ハリネズミとイモムシが近所に住んでいるヒゲの博士の家に行って相談しました。ハリネズミは「ぼくには硬いトゲが生えていてるから、みんなと仲良く遊べんないんだ。どうしたらよいと思いますか」と聞き、イモムシは「僕は体が柔らかすぎて、みんなと遊ぶと体が潰れてしまうんです。どうしたらよいと思いますか」と聞きました。博士はハリネズミに体が柔らかくなる緑色のスイッチを作り、イモムシに体が硬くなる黄色のスイッチを作ってあげました。２人はよろこんで家に帰っていきました。…ここに博士の作ったスイッチと別のスイッチが２つあります。赤いスイッチは体が10倍の大きさになるスイッチです。青いスイッチは体が鉛筆ぐらいの大きさになるスイッチです。

あなたはどちらのスイッチを押しますか。押した後にやりたいことを絵に描いてください。

※制作中または制作後にテスターから質問を受ける。
　例）「（この絵は）何をしていますか」
　　　「どうして（それを）するのですか」など。

〈時 間〉　制作10分

〈解 答〉　省略

［2020年度出題］

アドバイス

「お話を聞き、制作をしてから（しながら）、描いたものについて質問される」という制作問題です。こちらは男子の問題です。まずは「大きくなった（小さくなった）自分」ではなく、「大きくなったら（小さくなったら）自分がやりたいこと」を描くという点に注意です。絵の設定が突飛で面白そうなだけに、勘違いしやすいかもしれません。また、説明の際にも、仮定に仮定を重ねているので、ある程度の空想力、創造力とそれを説明できるだけの語彙、話し方が求められます。この年頃のお子さまなら、そういった空想を受け入れるのは得意でしょうが、説明すること自体が難しく、またそれを理解させるという状況の体験も少ないでしょう。お絵描きの練習を重ねたら、その作品についての説明を練習するようにしていきましょう。

【おすすめ問題集】

実践 ゆびさきトレーニング①②③、Ｊｒ・ウォッチャー22「想像画」

問題31　分野：複合（制作・行動観察）

〈準備〉　この問題は絵を参考にしてください。
紙コップ（４個）、セロハンテープ、ゼムクリップ（適宜）、クレヨン
※問題31の絵のように、紙コップで「マラカス」の見本を作っておく。

〈問題〉　①見本を見てから、紙コップにクレヨンで絵を描く。
②紙コップにゼムクリップを数個入れ、飲み口側同士をセロハンテープで留める。
③できあがったマラカスを両手に持ち、テスターの指示通りに踊る。

〈時間〉　制作10分　行動観察５分

〈解答〉　省略

［2019年度出題］

アドバイス

当校では通常、「制作をしてから（しながら）、作ったものについて質問される」という流れの制作問題が多かったのですが、ここでは制作したものを使っての行動観察が行なわれています。問題の観点しては、制作を含めた指示を理解し、実行できるかということになるでしょう。ほかの制作問題でもそうなのですが、作品の完成度や個性ある作品作りも大事ですが、家庭でやるときに、制作・行動の指示を守れているかを、もっとも重要なポイントとしてチェックしてください。なお、テスターからの踊りの指示は、「音楽に合わせて」「スキップしながら」といった単純な指示だったようです。

【おすすめ問題集】
実践 ゆびさきトレーニング①②③、Ｊｒ・ウォッチャー29「行動観察」

問題32　分野：行動観察

〈準備〉　緑色のマット（１ｍ×２ｍ・４枚）、茶色のマット（50cm×１cm・４枚）
※問題32の絵のように、マットを配置しておく。

〈問題〉　※５～６名程度の２グループで実施する。
この問題は絵を参考にしてください。
「緑色のマットは『島』です。それ以外のところは『海』なので、茶色のマットを敷かないと渡ることができません。お友だちと相談しながらできるだけ速く、スタートの島からゴールの島まで渡ってください。マットから落ちた人は最初の島に戻ってください」

〈時間〉　10分

〈解答〉　省略

［2019年度出題］

アドバイス

当校入試の最近の傾向の１つである、考えさせる要素を含んだ行動観察の問題です。こういった課題では、単に指示に従っているだけではなく、自分なりに勝つための方法を考えないと楽しむことができず、結果的に積極的に参加しているように見えなくなってしまいます。行動観察では、無理にイニシアチブを取る必要はありませんし、お子さまの性格に沿った行動をとればよいのですが、「自由に行動してよい」という指示でもない限りは、やはり目の前の課題に積極的に向き合う姿勢のほうが評価は高くなります。ここでは「島を渡る」ために、相手チームより機敏に行動するのはもちろんですが、「マットを運ぶ人」「島を渡る人」と役割を分担をしたり、「どのようにマットを並べると最短距離にできるのか」を考えるといった思考力も評価されるでしょう。また、考えたことをどのようにグループのメンバーに伝えるかというコミュニケーションも評価の対象です。

【おすすめ問題集】

Ｊｒ・ウォッチャー29「行動観察」

問題33　分野：行動観察

〈準 備〉　ボールスタンド（16個）、ボール（赤色６個、青色６個）
※問題33の絵のように、ボールスタンドとボールを配置し、グループごとに並ぶ。

〈問 題〉　※５～６名程度の２グループで実施する。
この問題は絵を参考にしてください。
「１人ずつカゴの中のボールを１つ取って、ボールスタンドに置いてください。縦・横・斜めどのような並び方でも良いので、先にボールを３つ並べて置いたチームの勝ちです」

〈時 間〉　10分

〈解 答〉　省略

［2019年度出題］

アドバイス

前問と同じく考えさせる要素を含んだ行動観察の問題です。ポイントはほぼ同じですので、繰り返しになりますが「思考力があり、問題解決の姿勢を持っている」「集団行動を行う上で、問題のないコミュニケーション力を持っている」といった「のびしろ」を感じさせるお子さまには、よい評価が与えられるということになります。
当校入試のここ数年来の変化として、「考えさせる要素」が増えているのは確かですから、行動観察・制作・運動という分野からの出題といっても、従来よりは、そういった経験や学習が準備として必要になっていると言えます。机上で知識や思考力を伸ばす学習と違い、行動観察の問題は、「グループで問題を解決する」状況にお子さまを置かないと多くのことは学べません。保護者の方は、日常生活の中で機会を見つけて、お子さまが「グループで問題を解決する」といった経験を積めるように気を配ってください。

【おすすめ問題集】

Ｊｒ・ウォッチャー29「行動観察」

問題34　分野：制作（想像画）

〈準　備〉　クレヨン、画用紙

〈問　題〉　**この問題の絵はありません。**
①「大人になったら何がしたいですか。絵に描いてください」
②（描いている間に質問を受ける）「何を描いていますか」「なぜそれを描いていますか」などの質問を受ける。

〈時　間〉　15分

〈解　答〉　省略

［2019年度出題］

アドバイス

当校で頻出の「制作をした後に、それについて質問される」という問題です。ほかの小学校入試でもよく見られる課題ですが、倍率の高い当校ですから、質問された時に、「そつのない受け答え」さえしていればよい、というものではありません。もちろん、アーティストを養成しようという学校ではありませんから、作品の出来については年齢相応であればよいのですが、受け答えの中で発想の素晴らしさや、独特の視点といった「個性」をアピールしないと印象に残らないでしょう。それは相手に「個性」を理解してもらい、なおかつ、よいイメージを持ってもらうという、レベルの高いコミュニケーションをお子さまに要求することになります。お子さまにこういったことを説明しても仕方がありませんから、何度かこういった課題を繰り返す中で、お子さまの素晴らしい個性が伝わるような言葉や話し方を保護者の方が引き出し、身に付くように指導していきましょう。

【おすすめ問題集】
　実践 ゆびさきトレーニング①②③、Ｊｒ・ウォッチャー22「想像画」

家庭学習のコツ③　効果的な学習方法～問題集を通読する

過去問題集を始めるにあたり、いきなり問題に取り組んではいませんか？　それでは本書を有効活用しているとは言えません。まず、保護者の方が、すべてを一通り読み、当校の傾向、ポイント、問題のアドバイスを頭に入れてください。そうすることにより、保護者の方の指導力がアップします。また、日常生活のさまざまなことから、保護者の方自身が「作問」することができるようになっていきます。

問題35　分野：制作（想像画）

〈準備〉　クレヨン、画用紙（大・小各１枚）
※この問題は８人グループで行い、机と椅子を２人１組で対面するように設置し、机の上に大小の画用紙を並べておく。

〈問題〉　この問題の絵はありません。

これから紙芝居をします。静かに聞いてください。

（紙芝居のあらすじ）

天狗と鬼はいつも仲良しでした。ある日、天狗が『おれの宝物を見せてやろう』と鬼に言いました。鬼は宝物を見ると『なんだいこれは？』と天狗に聞きました。天狗は『これは天狗のうちわだよ』答えました。鬼は面白そうだったので『それを貸してよ』と言いましたが、天狗は『ダメ』と答えました。鬼がなんで貸してくれないの？』と聞くと、天狗は『これは僕ぐらい力が強くないと使えなくて、壊してしまうから』と答えました。次の日、鬼が『おれの宝物を見せてやろう』と言いました。天狗は宝物を見ると『なんだいこれは？』と鬼に聞きました。『これは金棒だよ』と鬼は答えました。天狗はいい武器だと思って、『それを貸してよ』と言いました。鬼は『ダメだよ』と答えました。天狗が『どうして』と聞くと、『これは重いから、慣れていないと危ないんだよ』と鬼は答えました。こうして、鬼と天狗はいつまでも自分の宝物を見せあったそうです」

①あなたの宝物は何ですか。小さな画用紙に描いてください。
　ただし、その宝物は生き物ではないものにしてください。
②その宝物を使ったり、遊んだりしているところを絵に描いてください。
③向かい合った席のお友だちに、宝物の名前と宝物で何をしているのか紹介してください。

〈時間〉　15分

〈解答〉　省略

［2019年度出題］

アドバイス

お話を聞いてから、絵を描き、それについて発表する問題です。手順は少し複雑になっていますが、前問と同じ趣旨の問題と考えて良いでしょう。前問との違いは「対面しているほかの志願者に絵の内容を教える」という要素が加わっている点です。言い換えれば、入学してから同年齢のクラスメイトに伝わるようなコミュニケーションをとる、という観点が加えられているということなりますが、これは机上の学習や訓練を受け身だけで行っているとなかなか身に付かないものでもあります。保護者の方も実感されているとは思いますが、小学校入試の問題に答えるということと、お子さまがわかるように説明することはまったく別のことです。ここでは説明を受ける志願者がどのくらい人の話を理解できるかわかりませんから、「宝物が～で～という使い方をする」ということを保護者の方が理解できれば及第点としてください。

【おすすめ問題集】
実践 ゆびさきトレーニング①②③、Ｊｒ・ウォッチャー22「想像画」

問題36　分野：制作（想像画）

〈準備〉　クレヨン、画用紙

〈問題〉　**この問題の絵はありません。**
これからするお話をよく聞いてください。
太郎くんはいつも学校の帰りに、科学者のおじいちゃんの家に立ち寄って遊びます。ある日、いつものようにおじいちゃんの家に行くと、廊下の奥にある実験室に呼ばれました。そこでおじいちゃんに「太郎は何と合体したい？」と聞かれました。あなたは、何と合体したいですか。絵に描いてから発表してください。

〈時間〉　15分

〈解答〉　省略

［2019年度出題］

アドバイス

当校の試験では、制作した絵画や工作について、必ず質問されたり発表したりしますから、この問題のように想像したものについても、言葉にできなければなりません。想像・創造力を豊かにすることも重要ですが、語彙数豊富な表現力が当校の試験では必要とされるのです。ですから、繰り返しにはなりますが、作品の質を上げるための訓練はそれほど必要ではなく、「何を描いたか」「なぜ描いたのか」などをたずねられた時に、きちんと答えるだけのコミュニケーション力を鍛えた方がよい、ということになるのです。制作をした時は、保護者の方が作品についてのコメントを述べるのではなく、お子さまに作品を説明してもらうようにしてください。その際は、話の腰を折ることなく、一通り聞いた後で、「～という表現をした方がよい」という指導をしましょう。

【おすすめ問題集】
　実践 ゆびさきトレーニング①②③、Ｊｒ・ウォッチャー22「想像画」

問題37　分野：行動観察

〈準備〉　平均台、コイン（各自に３枚）、玉入れの道具、なわとび、
積み木（各人数分）
※ドンジャンケンを行なう場所の周りに「なわとび」「玉入れ」「積み木」「クイズ」のブースを設置しておく。

〈問題〉　**この問題の絵はありません。**
※この問題は20人程度のグループで行う。
①２つのチームに別れてドンジャンケンをします。チームごとに平均台の後ろに並んでください。ジャンケンに負けた人は、勝った人に持っているコインを１枚渡してください（５分程度行う）。
②コインが３枚貯まったら、先生のところに来てコインを渡してください。
その後は周りに置いてあるもので遊んでください。

〈時間〉　15分

〈解答〉　省略

［2018年度出題］

アドバイス

グループでの行動観察です。「協調性」「集団行動ができるか」といったことが当校の新たな観点になっていることがよくわかります。前年の問題とよく似ていますが、後半部分が「自由遊び」になっている点が違います。指示を受けての集団行動から、自発的な遊びに移行するということで戸惑うことがないように、最初の指示をしっかり聞き、スムーズに行動できるようにしてください。なお、ドンジャンケンを行なう人数が少なくなった時点で全員が自由遊びを行ったようですので、実際に問題を行なう時は頃合いを見て移行するようにしてください。

【おすすめ問題集】

Ｊｒ・ウォッチャー29「行動観察」

問題38　分野：制作

〈準備〉　画用紙（２枚）、折り紙（黒）、クレヨン、のり、絵を立てるフレーム、

〈問題〉　**この問題の絵はありません。**

①見本を見てから折り紙でおにぎりを折る。

②画用紙の中央におにぎりをのりで貼り、その周りに自分の好きな「お弁当のおかず」を描き、フレームに飾る。

③そのお弁当を持って行きたい場所の絵をクレヨンで描き、フレームの前に置く。

④「誰と一緒に行くか」「何をするか」などの質問を受ける。

〈時間〉　20分

〈解答〉　省略

［2018年度出題］

アドバイス

男子に出題された、当校で頻出の「制作→質問」という問題です。当校としてはやさしい問題ではありますが、作業時間が短く、工程が多いため、手早く行わないと時間内に収まりません。ある程度は、こうした作業に慣れておいたほうが有利でしょう。もちろん作品は、まじめに作ったか否かは観られます。④の質問に対する受け答えがポイントになっている点は、ほかの制作問題と変わりありません。発想力の豊かさとともに、それを的確に説明できるだけの語彙を身に付けておく必要があります。

【おすすめ問題集】

実践 ゆびさきトレーニング①②③、Ｊｒ・ウォッチャー22「想像画」

問題39　分野：制作

〈準 備〉　模造紙（30cm×30cm）、色画用紙（赤・青・緑）、画用紙、クレヨン、ハサミ、モール

〈問 題〉　**この問題の絵はありません。**
①見本を見てから、模造紙でバッグの本体部分（箱）を作る。
②本体部分の側面に自分の好きな色の色画用紙をノリで貼り、モールを取手として付ける。
③そのバッグを持って行きたい場所の絵をクレヨンで描く。
④制作中に「誰と一緒に行くか」「何をするか」などの質問を受ける。

〈時 間〉　15分

〈解 答〉　省略

［2018年度出題］

アドバイス

こちらは女子に出題された「制作→質問」という問題です。やはり、当校としてはやさしい問題ではありますが、手早い作業が必要な点は共通しています。ここでは制作中に質問を受ける形となっていますので、作業を中断してその質問に答えてください。タイミングを見計らって質問されるとは思いますが、作業の途中だとしても、作品の制作より、「相手の話を理解して、それに則した答えを言う」という能力を示すほうが当校の入試では大切だからです。

【おすすめ問題集】
実践 ゆびさきトレーニング①②③、Ｊｒ・ウォッチャー22「想像画」

問題40　分野：自由遊び

〈準 備〉　あらかじめ、問題40の絵を参考にして、遊具の準備をする。
※25名程度の集団で実施する。
・「ミニピアノ」
　…マットを敷き、その上にミニピアノを置き順番に遊ぶ。
・「輪投げ」
　…輪投げの的に１m程度離れた線から輪を投げる。
・「的当て」
　…ボールを数個カゴに入れ、的から３m離れた位置に設置する。
・「ミニカー、飛行機、電車のおもちゃで遊ぶ」
　…マットの上に地図が描かれた模造紙を設置、その上にいくつかのミニカー、飛行機、電車のおもちゃなどを置いておく。

〈問 題〉　**この問題は絵を参考にしてください。**
ここにあるものを使ってお友だちと仲良く遊んでください。
（20分後）
はい、終わりです。後片付けをしましょう。

〈時 間〉　20分

〈解 答〉　省略

［2017年度出題］

アドバイス

いわゆる「自由遊び」ですが、前問と同じく「協調性」を観点とした問題として捉えてください。もちろん、積極性も観られていますから、迷ったり、遠慮したりするのもよくありませんが、「ほかの志願者に対する思いやりがない」と思われるのは、もっとよくありません。１つのものにこだわって遊び、他人の邪魔になったり、おもちゃの奪い合いなどをしないように行動しましょう。当校の試験ではこの程度のことなら、「自然にできる」のが理想です。当校の試験は「入試対策などをしてお子さまに過度の負担をかけない」「お子さまのふだんの姿を観る」という趣旨で現在のような形式になっています。試験のために訓練した様子などが見えると、お子さまの個性が観えにくくなり、かえって悪い評価を得てしまう場合もあります。

【おすすめ問題集】
Ｊｒ・ウォッチャー29「行動観察」

問題41　分野：制作

〈準備〉　クーピーペン、画用紙、「○」「△」「□」の押せるスタンプ

〈問題〉　**この問題の絵はありません。**

（机の上にスタンプを３つ置く）
この３つのスタンプを使って絵を描いてもらいます。
スタンプは３つとも使ってください。

（作業中に以下の質問をする）
・何を描いていますか。
・どのように使いますか（前の質問の答えによって質問が変わる）

〈時間〉　15分

〈解答〉　省略

［2017年度出題］

アドバイス

３つのスタンプを使って、考えて絵を描く問題です。何を描くか、しっかりと考えてから作業に取りかかりましょう。この問題には使われませんが、小学校受験では鉛筆のほかにもクレヨンやペンといった筆記用具、のりやはさみなどの工作道具の使い方もチェックされます。線や図形からはみ出さずに色を塗れるか、指示通りきちんと切られるかどうか、ふだんから練習しておいた方が無難です。作業中に、１人のテスターではなく、複数のテスターから質問をされたケースもあったようです。切り口が違う質問をされてもあわてなで、相手の質問内容をくり返し考える習慣をつけていくようにしましょう。答えが見つけられるようになります。

【おすすめ問題集】
実践 ゆびさきトレーニング①②③、Ｊｒ・ウォッチャー22「想像画」

問題42　分野：行動観察（集団ゲーム）

〈準 備〉　ボール（大１個、小２個）、筒（小のボールが載る太さ）、フープ、マット

〈問 題〉　**この問題は絵を参考にしてください。**
（5人程度のグループで行います）

左側にある大きなボールをフープの中に入れて置きましょう。次に大きなボールの上に、筒を乗せましょう。筒を乗せたら、ボールが転がらないように筒の上に小さいボールを置き、その上にもう１つ筒を積み重ねます。
ボールが転がってフープから出てはいけません。みんなで協力して、ボールが転がらないようにしましょう。

〈時 間〉　適宜

〈解 答〉　省略

［2016年度出題］

アドバイス

当校では過去にあまり出題されたことのない、グループでの行動観察です。個人の場合は、しつけが行き届いているか、話を聞けるかといった点が評価されますが、集団では他の子どもたちと仲良く、楽しく遊べるかどうかといった、グループ全体の雰囲気も評価の対象です。成功することが難しいなかなかの難問です。知らない子ども同士で、いかに協力して頑張るかがポイントです。

【おすすめ問題集】
Ｊｒ・ウォッチャー29「行動観察」

問題43　分野：制作

〈準 備〉　紙コップ、竹串、タコ糸、紙、セロテープ

〈問 題〉　**この問題は絵を参考にしてください。**
これから紙コップのけん玉を作りましょう。

①紙コップの底に、竹串で穴を開けます。
②穴にタコ糸を通して、内側に入れたタコ糸をセロテープで止めます。
③紙を丸めてボールを作ります。
④紙コップの外側に出ているタコ糸の端に丸めた紙をセロテープで貼り付けます。
⑤けん玉の完成です。紙のボールをコップの中にうまく入れて遊びましょう。

〈時 間〉　適宜

〈解 答〉　省略

［2016年度出題］

アドバイス

さまざまな道具を使って、指示されたものを作る問題です。説明を聞き逃さず、指示通りに物が作れるようにしましょう。この問題では使いませんが、問題によっては鉛筆のほかにもクレヨンやペンといった筆記用具、のりやはさみなどの工作道具の使い方もチェックされます。線や図形からはみ出さず塗れるか、指示通りきちんと切れるかどうか、ふだんから練習しておくことは必須です。
作品を作った後は実際にこのけん玉で遊びます。先生は遊ぶ様子もチェックしていますが、ただおとなしくしているだけではなく、子どもらしく元気に遊んでいるかどうかも観ていると考えられます。自分で作ったおもちゃで遊ぶという経験はあまりないと思われますので、周りの志願者に迷惑をかけない程度に、しっかりと楽しむといった意識で良いでしょう。

【おすすめ問題集】
　実践 ゆびさきトレーニング①②③、
　Ｊｒ・ウォッチャー23「切る・貼る・塗る」

問題44　分野：制作（指示画）

〈準備〉　クレヨン・ハサミ・のり・画用紙（A4の４分の１位の大きさ）
おもちゃ（適宜）

〈問題〉　※あらかじめ机の上に手のひらサイズのゼンマイ仕掛けのおもちゃ（恐竜・ヒヨコ・カメなど）を置いておく。

これから宝物を入れる箱を造ります。わたしのお話をよく聞いてその通りにしてください。
☆宝箱
（問題44の絵を渡して）
①箱の絵に自分の好きな色を塗ってください。花柄や縞模様など自由に描いて良いですよ。のりしろは塗らないようにしましょう。
②色が塗れたら黒い太い線にそってハサミで切り抜いてください。
③点線のところを折って箱になるように組み立ててください。この時、色を塗った方が外側になるように気をつけて、ていねいに折りましょう。
④のりしろにのりを付けて貼り付けたら、宝箱の完成です。
☆宝物
①画用紙にあなたの思い出の品（生き物でもおもちゃでもよい）や思い出に残っている出来事の絵を描いてください。
②絵が描けたら宝箱に入れてください。
☆テスターからの質問（絵を描いている途中で質問がある）
①これは何の絵を描いたのですか。
②どんな思い出ですか。

〈時間〉　適宜

〈解答〉　省略

［2015年度出題］

アドバイス

どの課題でも取り組み方の例としてお手本を示されていますから、宝箱の作り方の説明をしっかり聞いていれば箱を作ること自体はそれほど難しくはありません。どれだけ集中してお話を聞きその内容を理解し指示通りに行動できているかが重要です。また箱に入れる宝物について「何を描いているのか」「どんな思い出なのか」と聞かれた時に、描きたいと思っていることや自分の考えをしっかりと伝えることが大切です。答える時に詰まってしまったり、言い間違えて訂正するようなことがあっても評価そのものに影響することはありません。型にはめられそつなくこなすことより、子どもらしく元気に楽しく試験に臨むことが大切です。

【おすすめ問題集】
実践 ゆびさきトレーニング①②③、
Ｊｒ・ウォッチャー23「切る・貼る・塗る」、24「絵画」

問題45　分野：制作

〈準備〉　クレヨン、画用紙、ハサミ

〈問題〉　この問題の絵はありません。
あなたは飛行機に乗って、南の島の探検に出かけました。ところが、たいへん！飛行機のエンジンがこわれて違う島に着陸してしまいました。飛行機の外に出たあなたはこんな時、１番はじめに何をすると思いますか。　例えば「飛行機をなおそうとするとか」「だれか助けてくれそうな人をさがすとか」ほかにもいろいろありますね。あなたが１番はじめにすると思うことを、絵に描いてみてください。
☆テスターからの質問（絵を描いている途中で質問がある）
①何を描いていますか。
②どうして１番はじめに「それ」をしようと思ったのですか。

〈時間〉　適宜

〈解答〉　省略

［2015年度出題］

アドバイス

状況を判断して「今、何をするべきか」を考え、その場の状態を想像して、ただちにそれを絵に描くというなかなかの難問です。状況判断をして何をするべきかを考え行動できる子どもに育てるために、日頃より必要以上に依存心・依頼心を持たせないように、ご家庭内でも自立心を高めるような工夫をしていきましょう。なんでも周囲の大人が「どうすればよいか」「何をするか」などについて指示を与えたり大人の言うとおりにさせるだけでなく、お子さま自身に考えさせたり自分の考えをきちんと言葉で表現できるようにすることが大切です。こうしたことは一朝一夕にできるものではありません。日常の中でお子さまと対話する姿勢を見直して、お子さまが自分で考え、その理由を相手に伝える大切さや楽しさを身に付けていけるようにしていってください。

【おすすめ問題集】
実践 ゆびさきトレーニング①②③、
Ｊｒ・ウォッチャー23「切る・貼る・塗る」、24「絵画」

問題 1

問題２－１

問題2－2

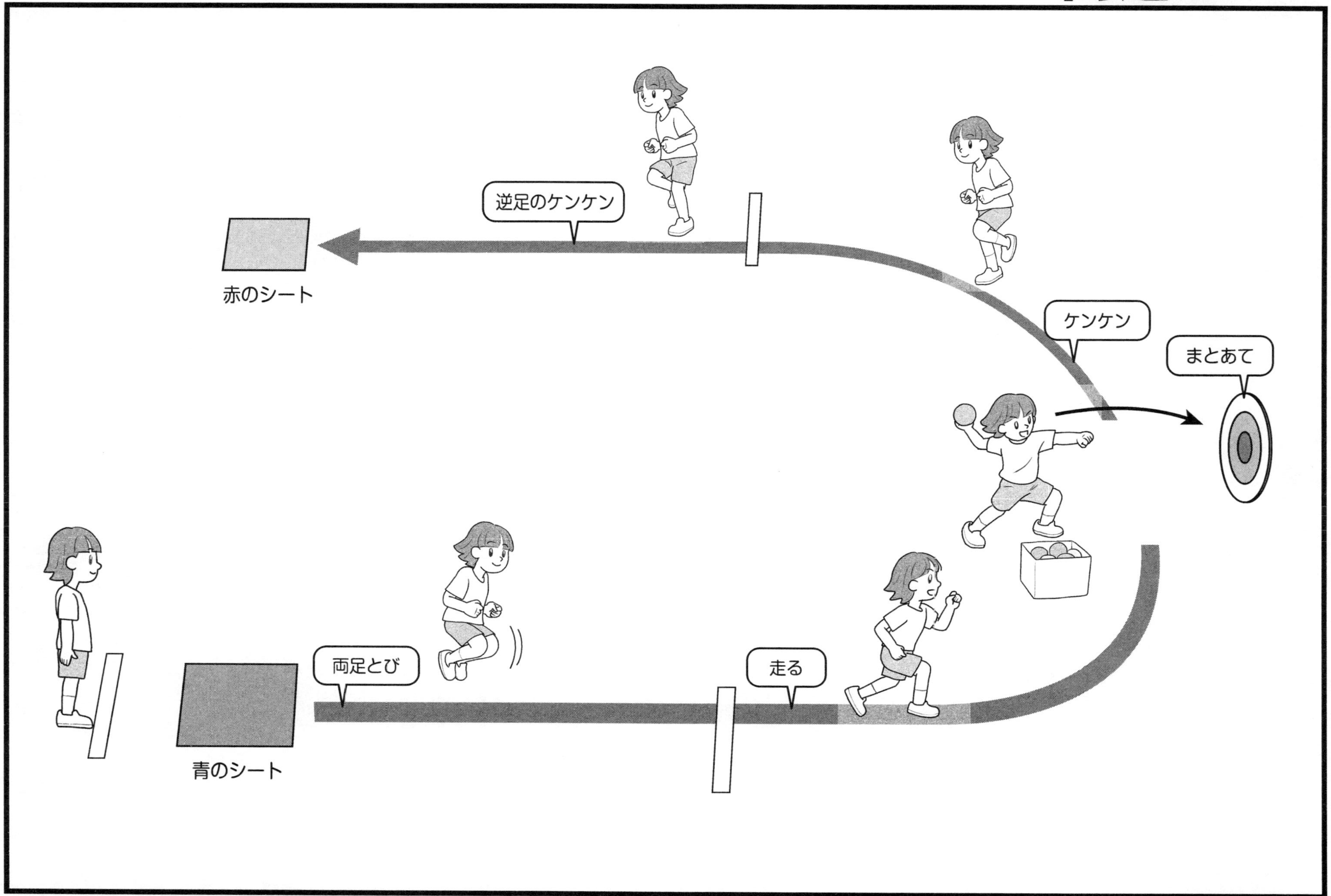

問題2－3

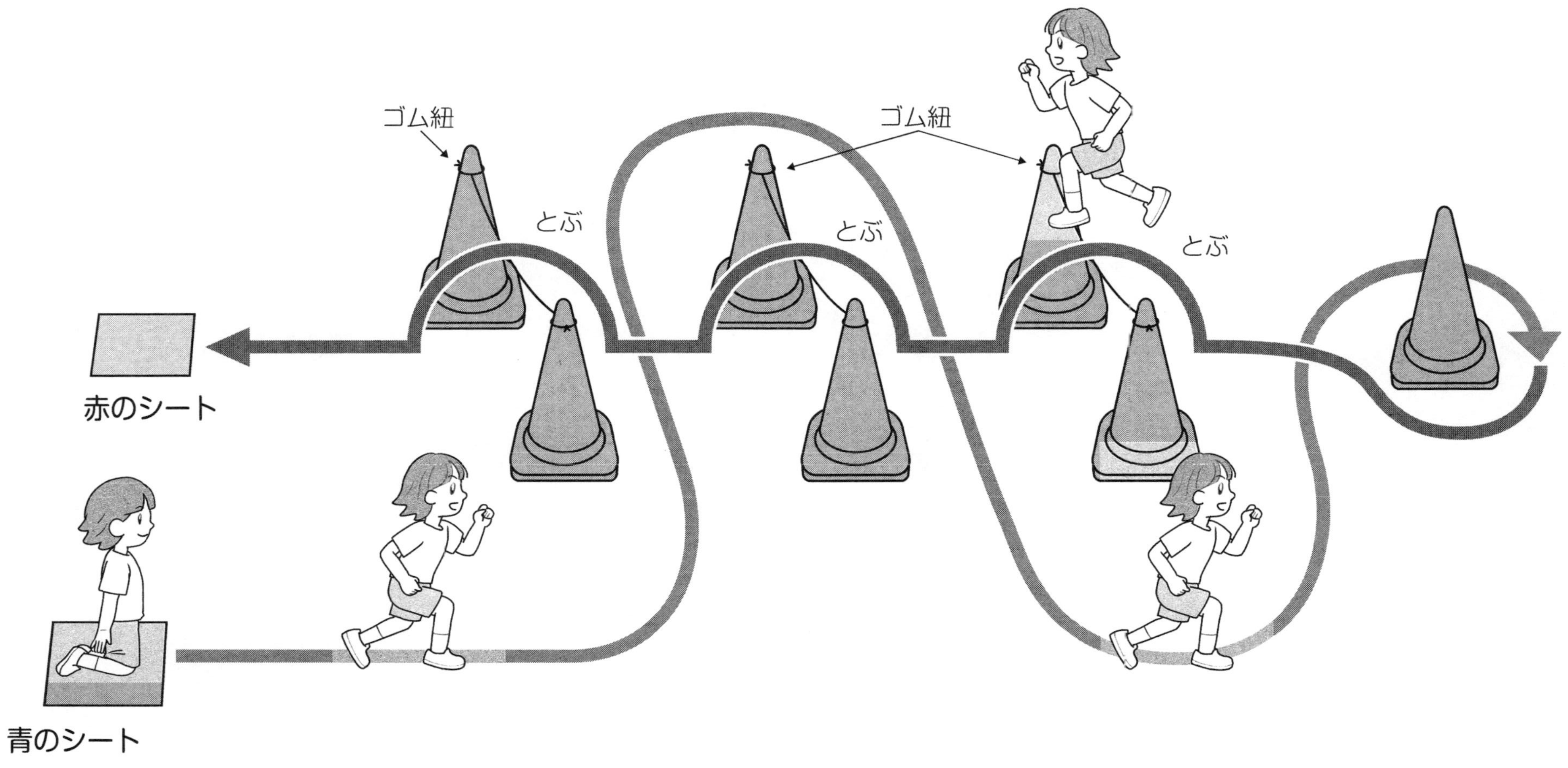

問題３－１

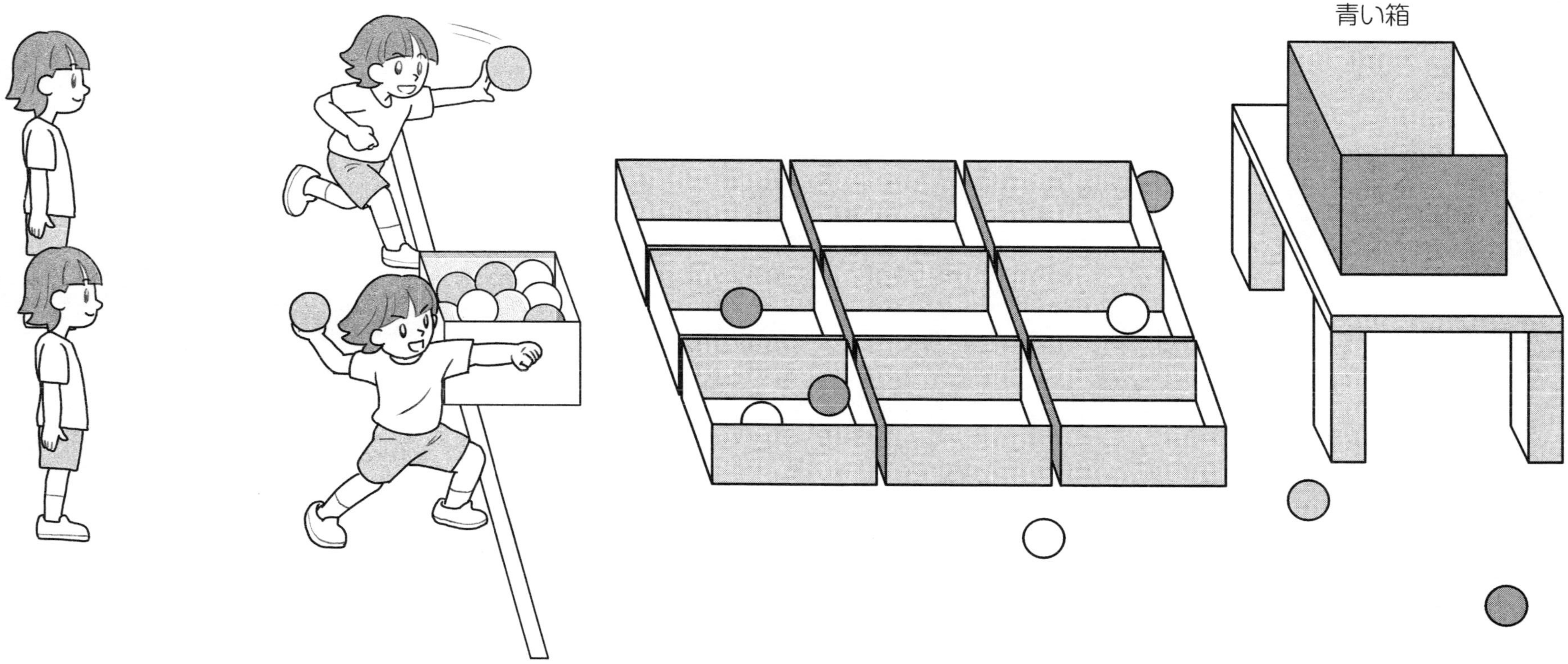

問題3－2

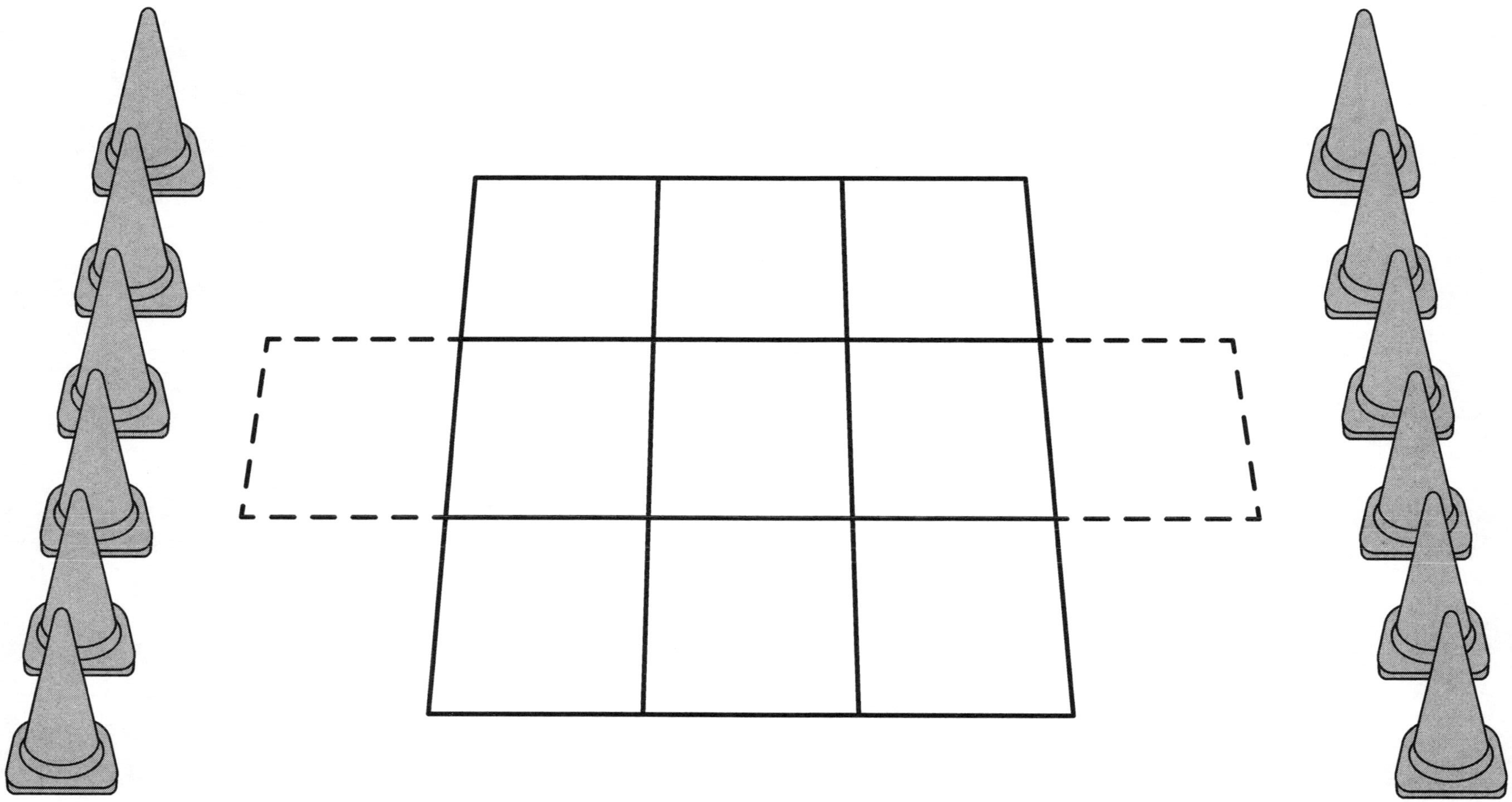

ここにフェンスは置けない

ここにフェンスは置けない

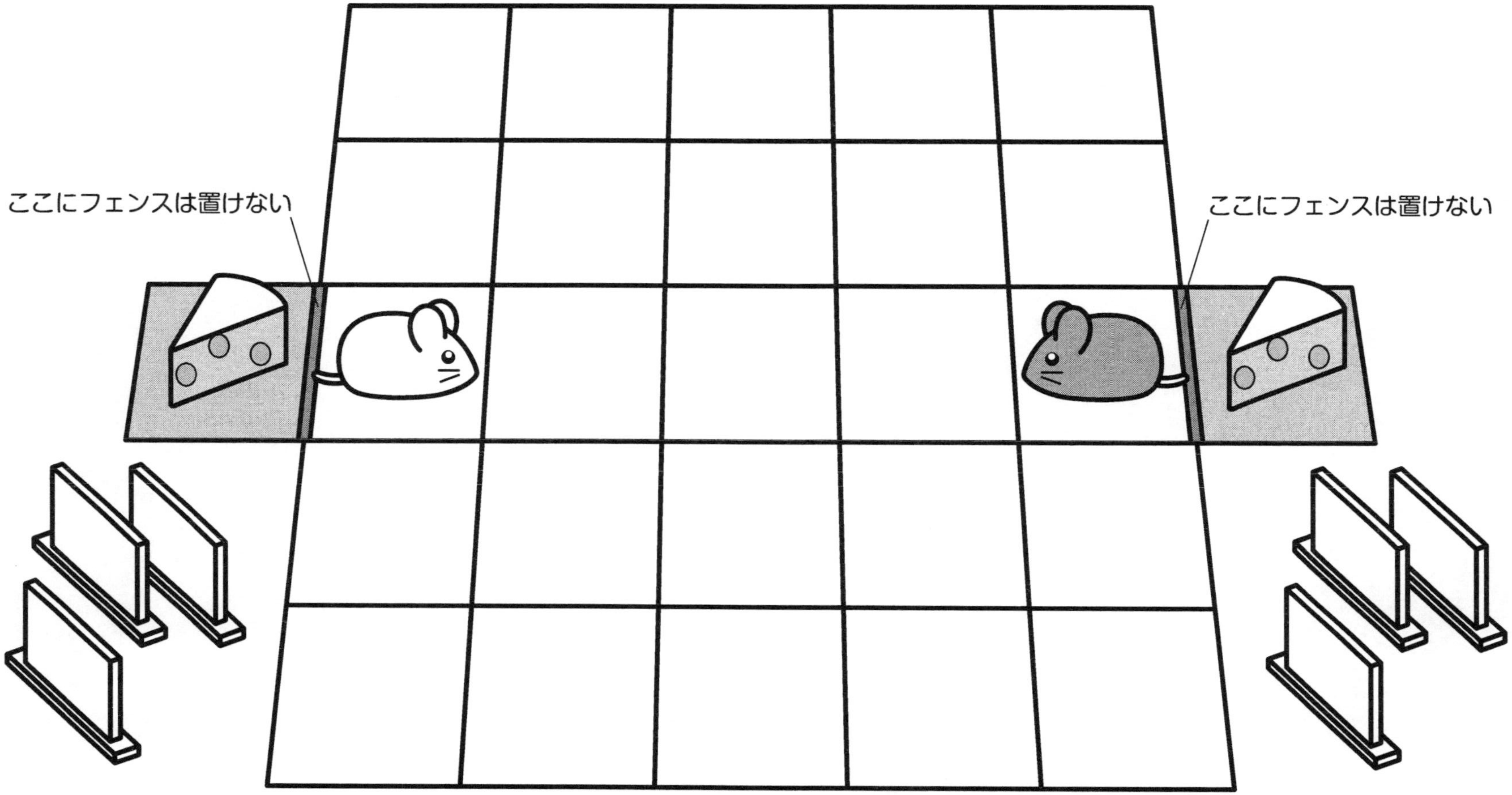

問題4－1

問題４－２

問題5－1

2025 年度　慶應義塾幼稚舎　過去　無断複製/転載を禁ずる　　日本学習図書株式会社

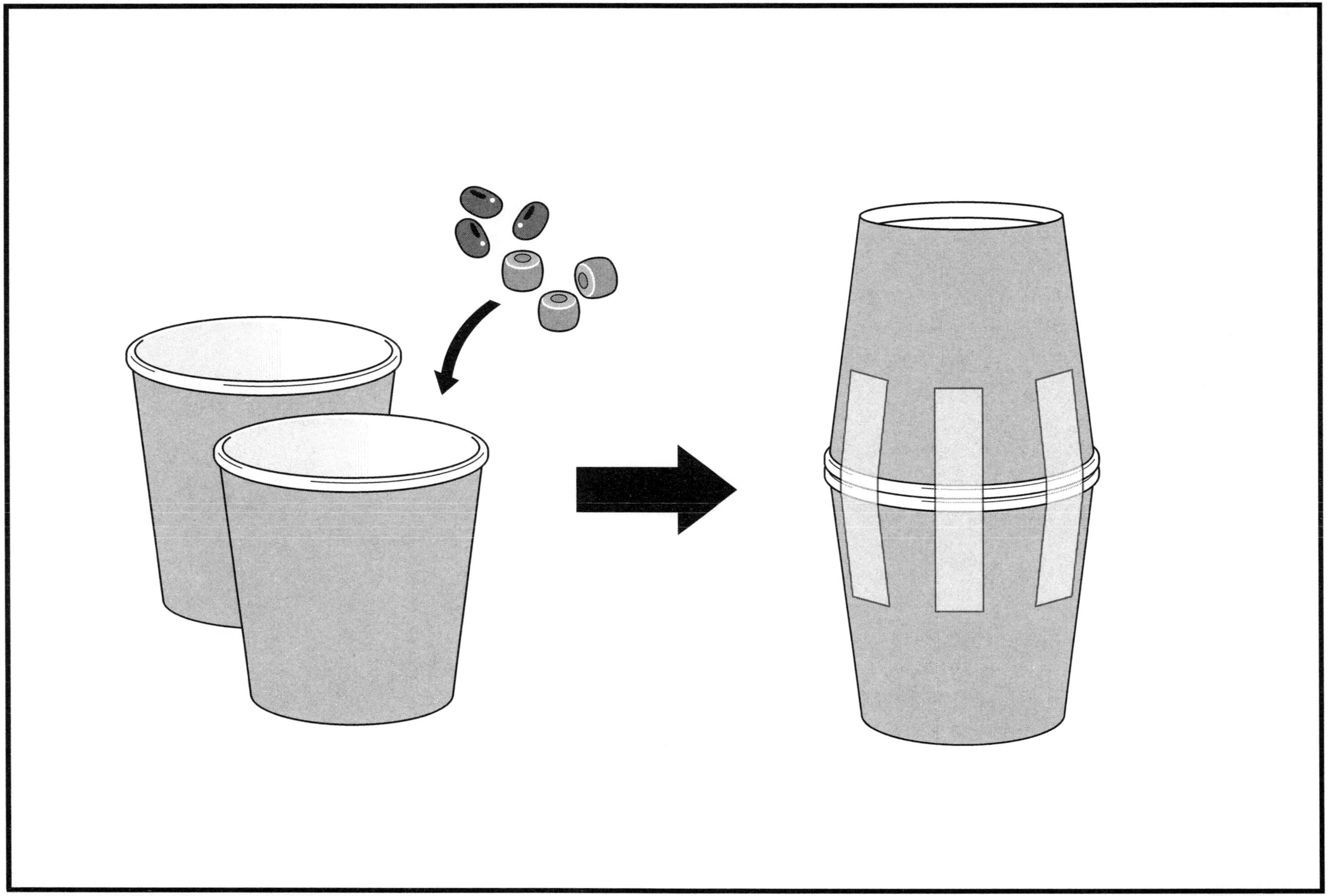

問題 7

①

右足で立つ

②

左足で立ち
右足あげる

③

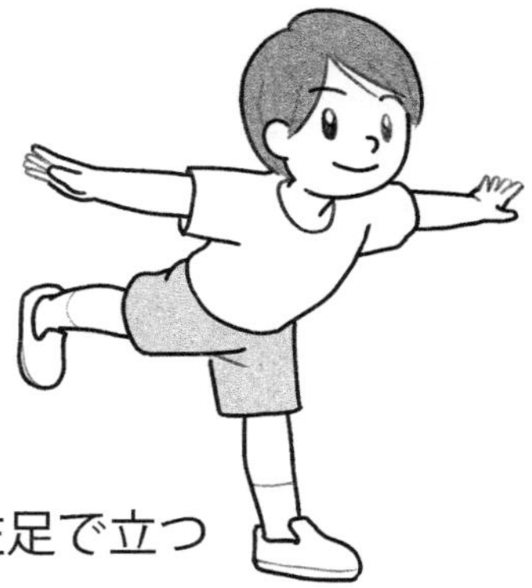

左足で立つ

④

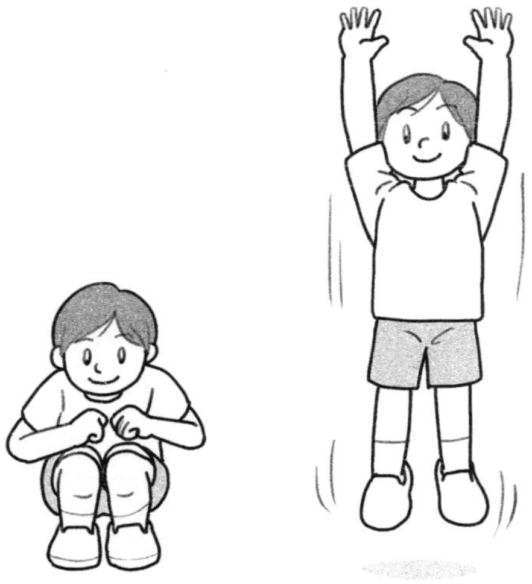

しゃがんで
「1、2の」

「3」でジャンプ

⑤

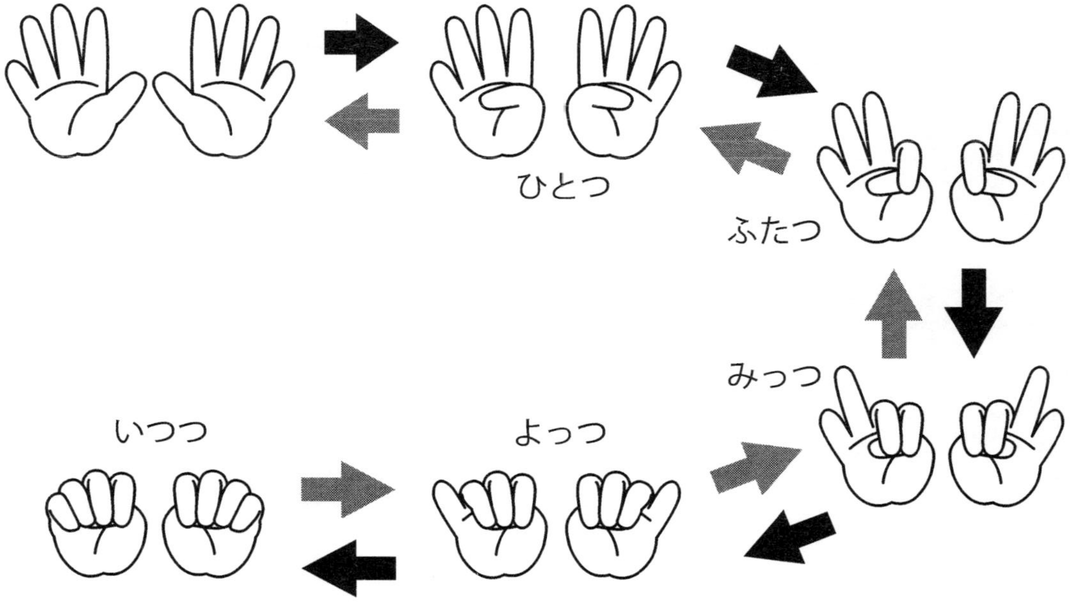

問題8

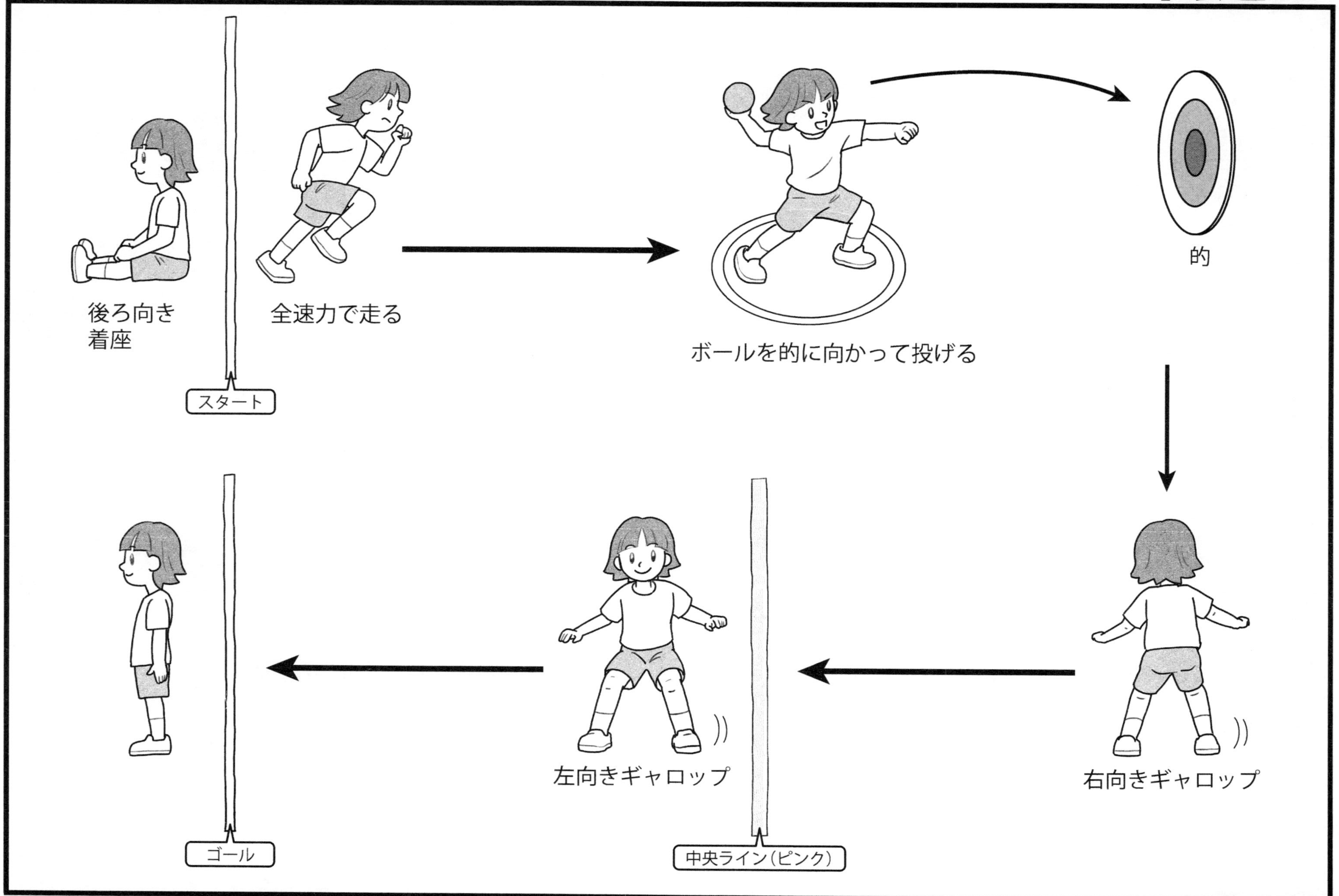
後ろ向き
着座
スタート
全速力で走る
ボールを的に向かって投げる
的
右向きギャロップ
中央ライン（ピンク）
左向きギャロップ
ゴール

問題9

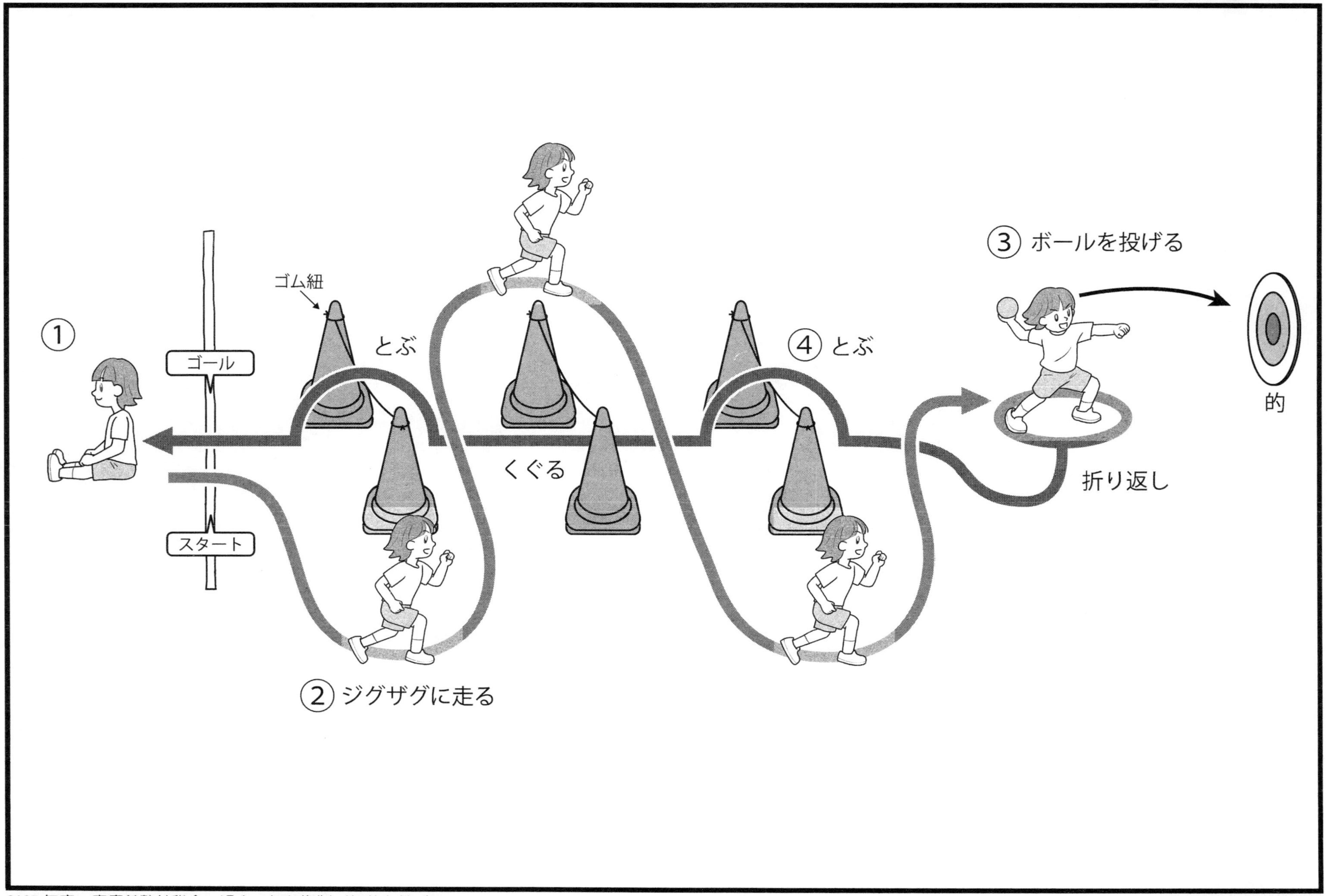

問題１０

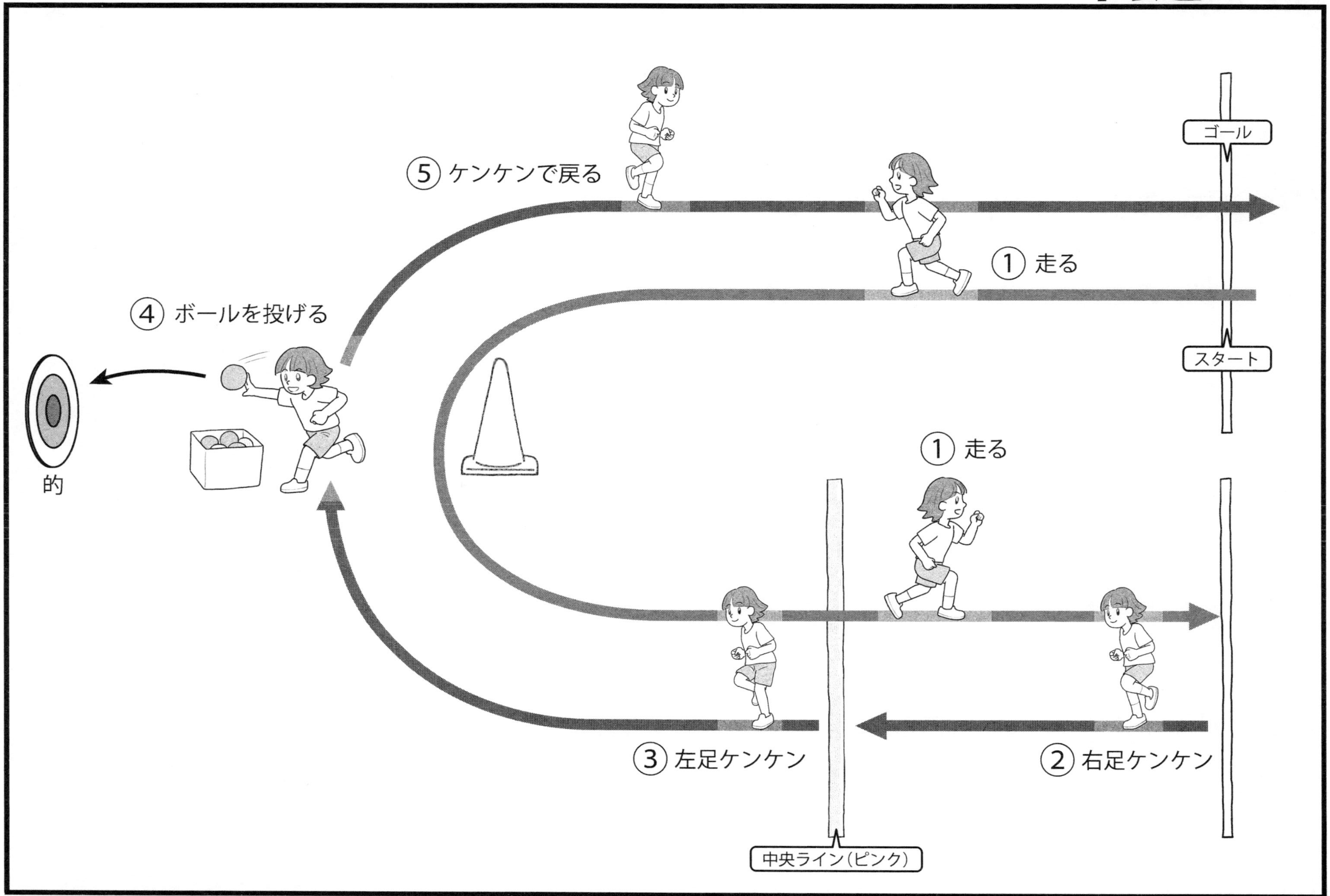

ゴール
スタート
① 走る
⑤ ケンケンで戻る
④ ボールを投げる
的
① 走る
③ 左足ケンケン
② 右足ケンケン
中央ライン（ピンク）

問題１１－１

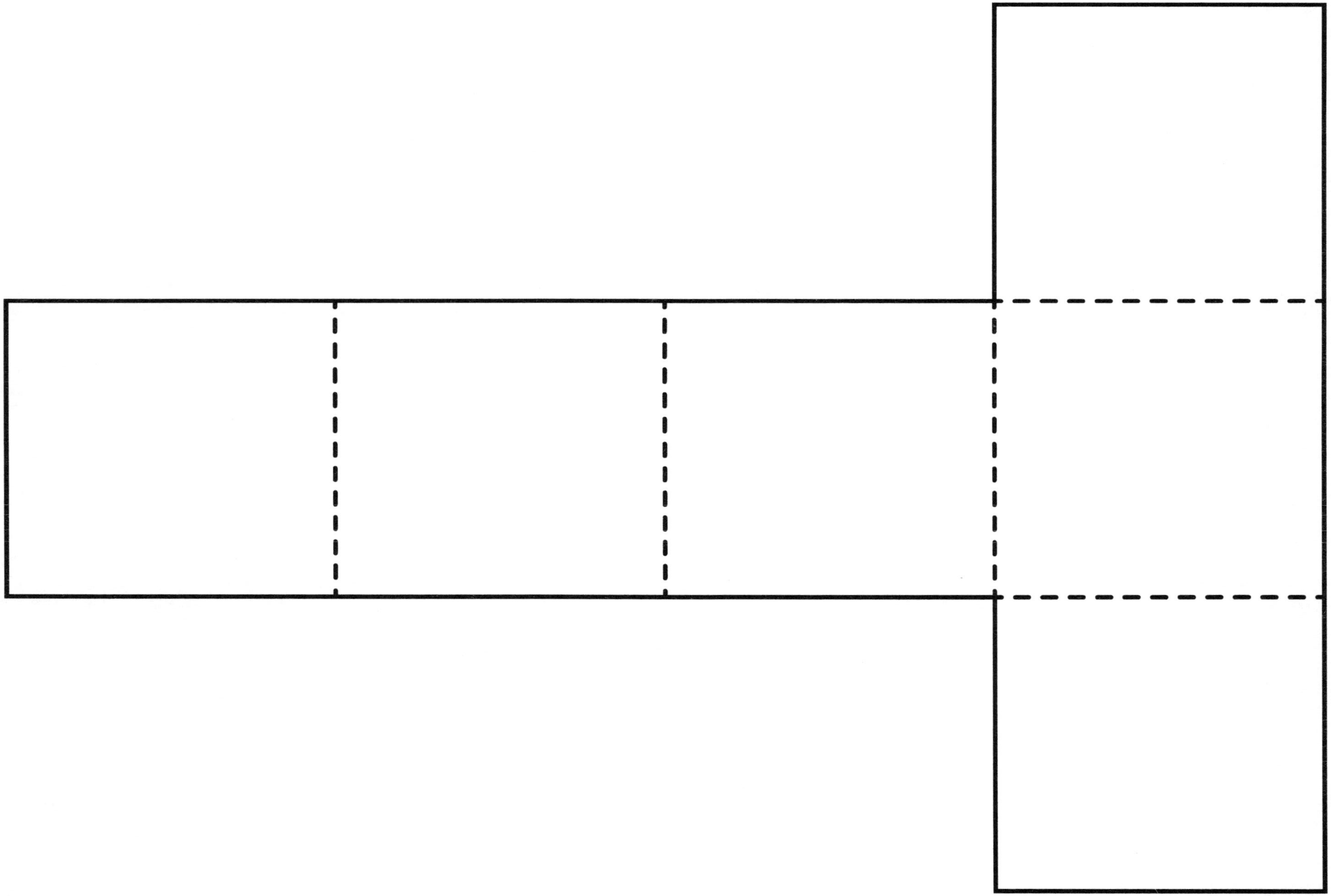

問題１１－２

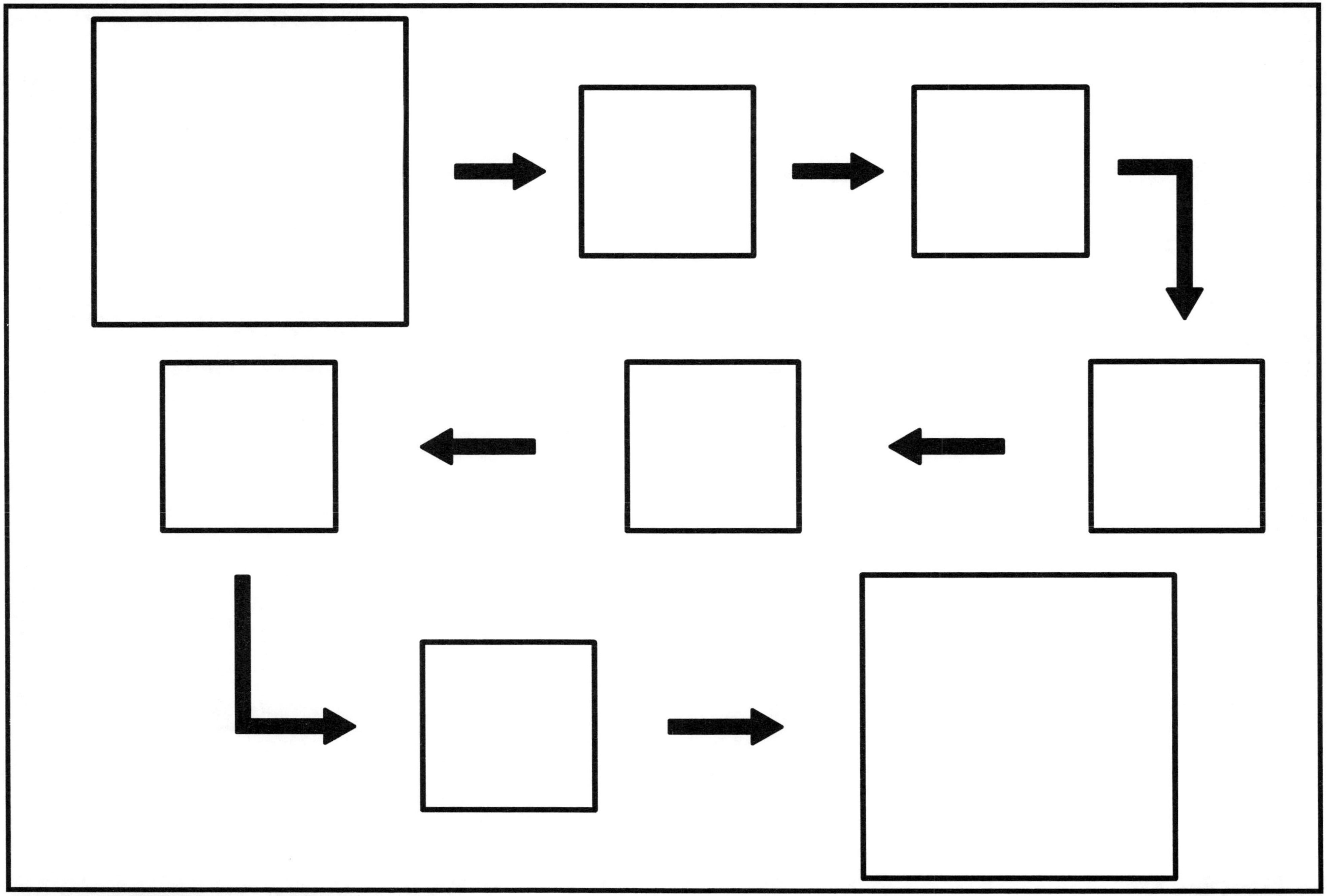

2025 年度　慶應義塾幼稚舎　過去　無断複製／転載を禁ずる　日本学習図書株式会社

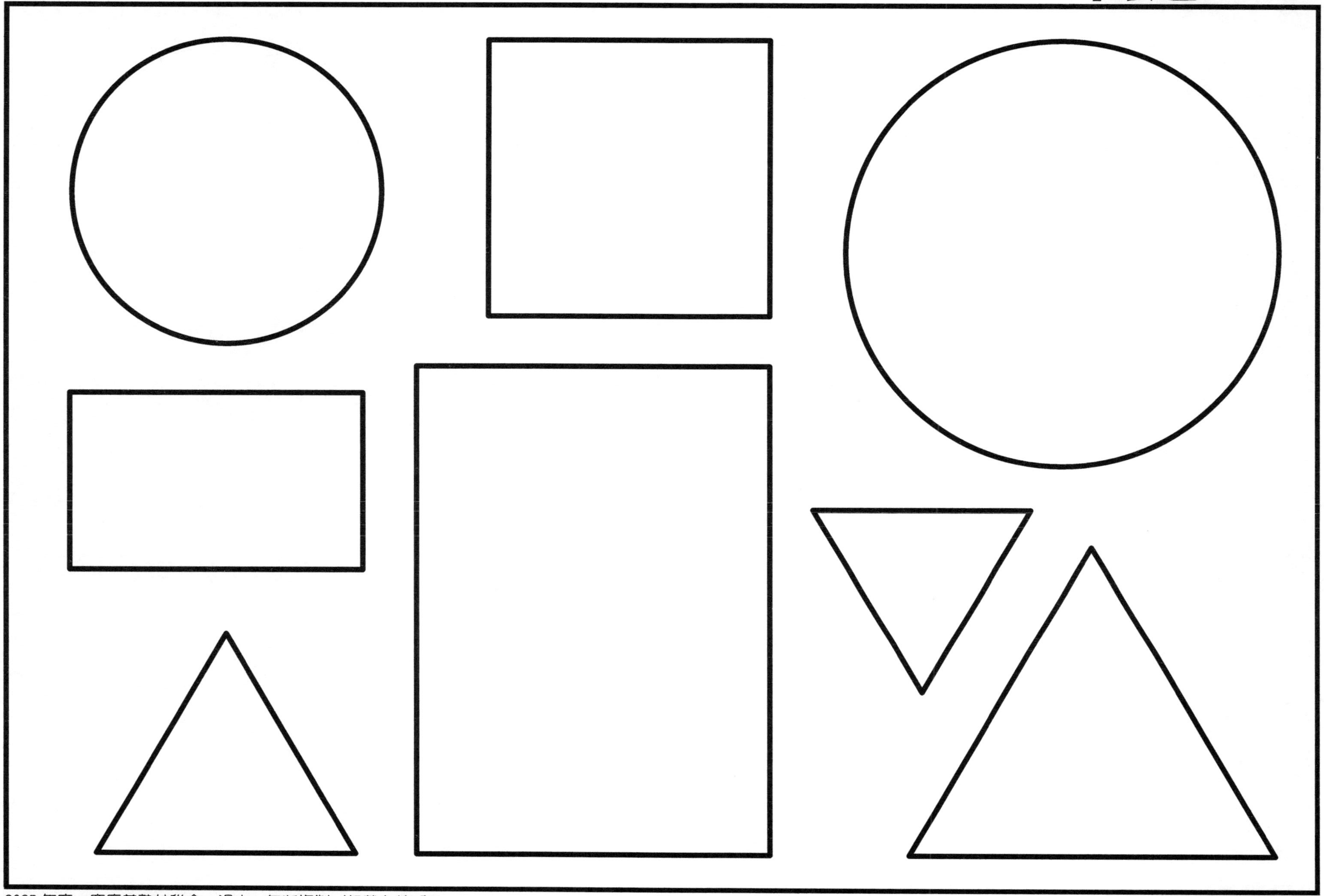

問題14－1

問題１４－２

問題15

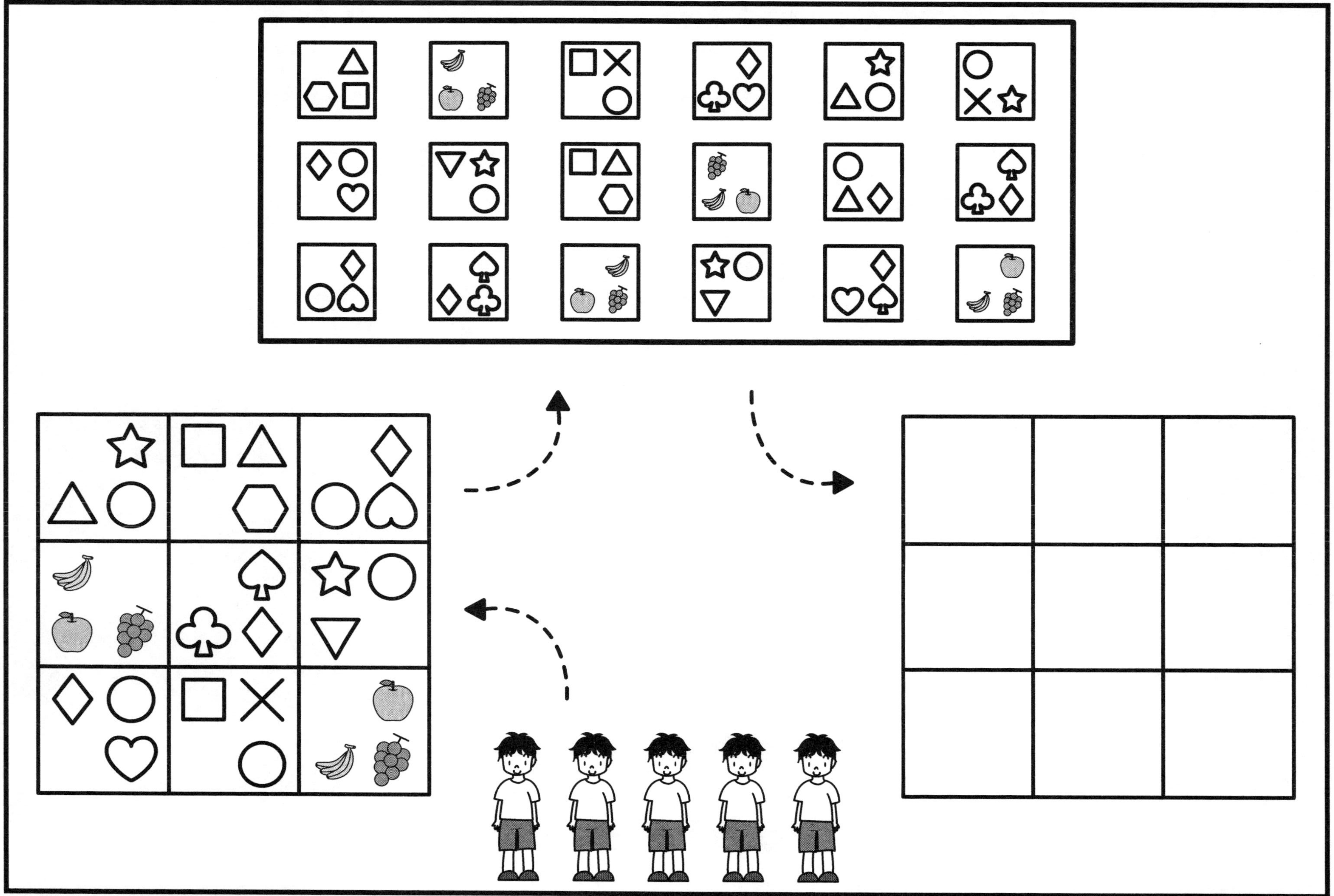

問題１６

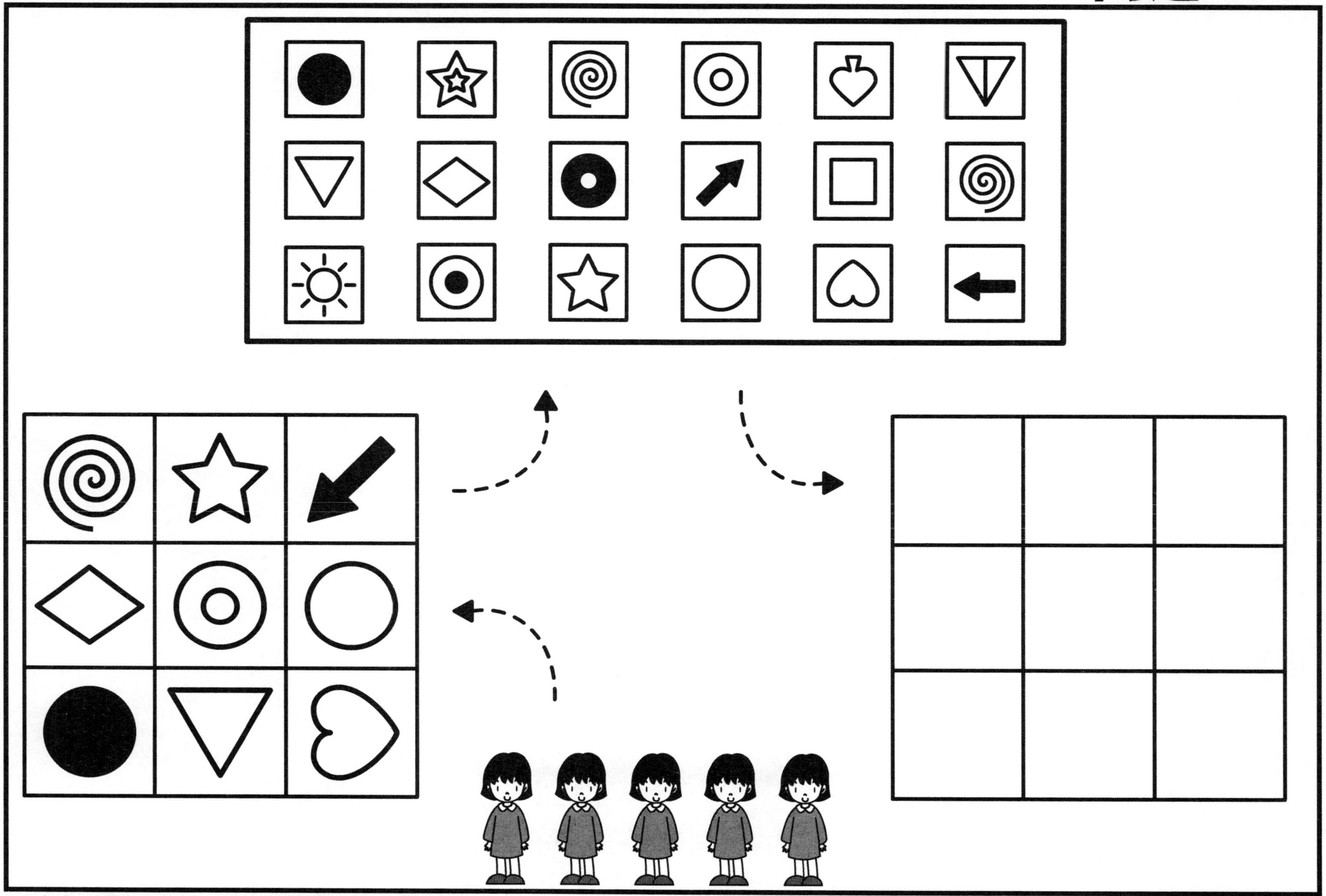

問題１７

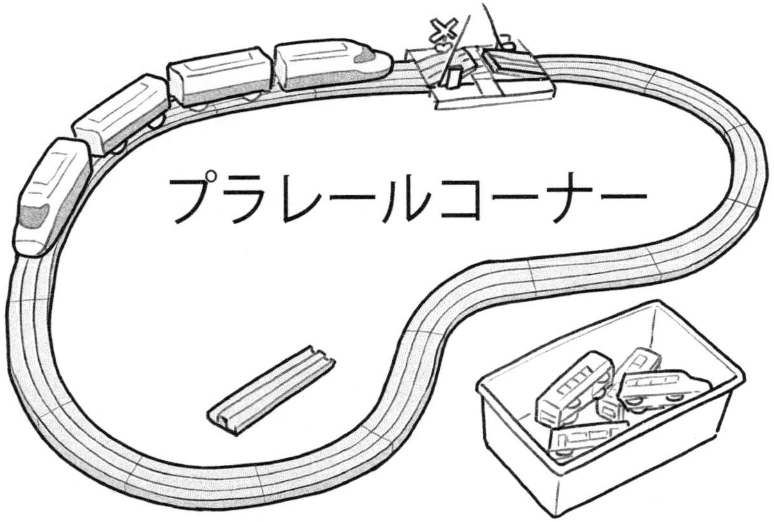

プラレールコーナー

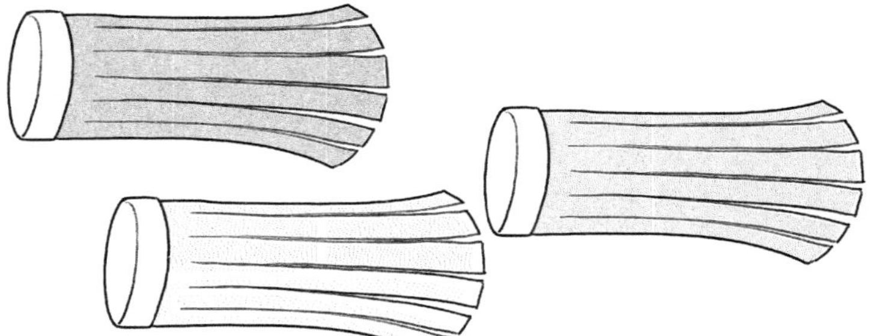

吹き流しコーナー

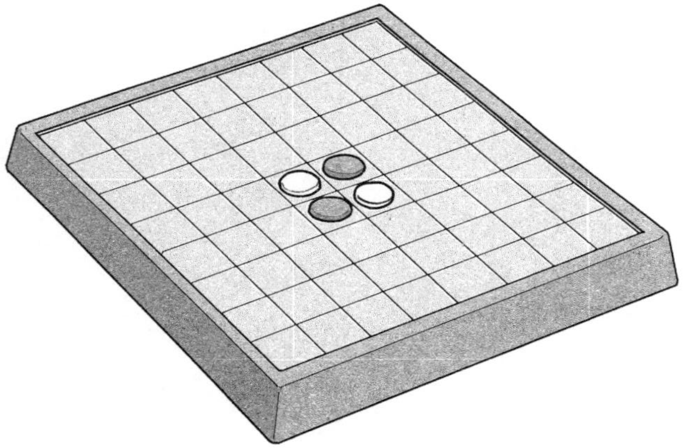

リバーシコーナー

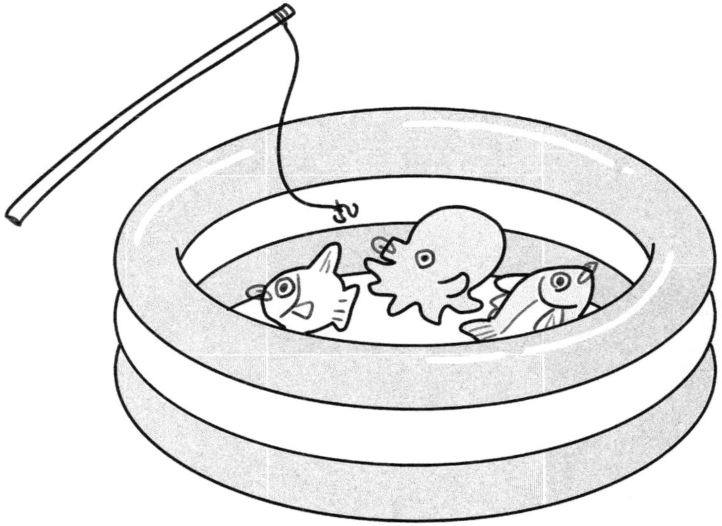

さかなつりコーナー

スタート

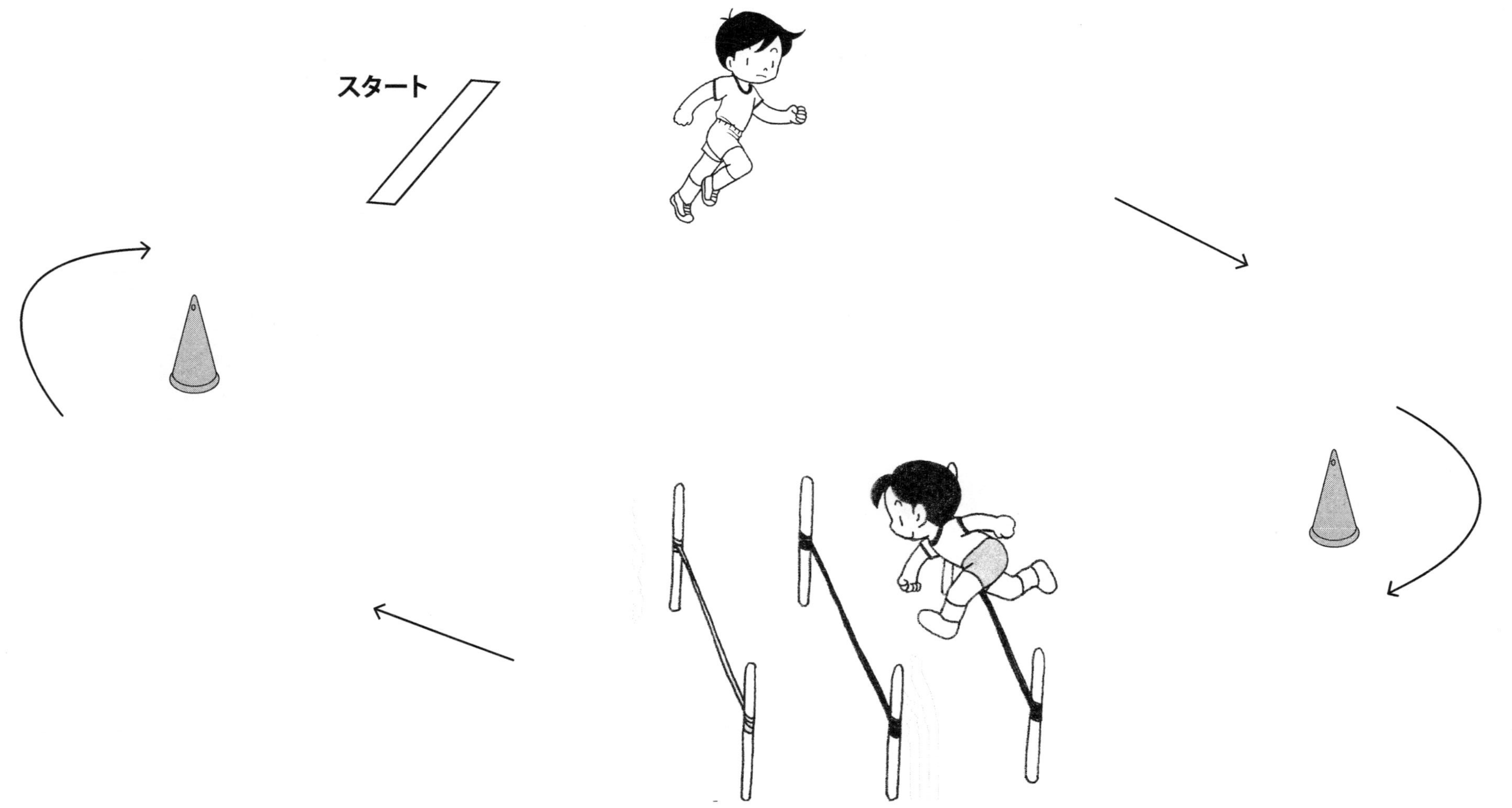

問題２３

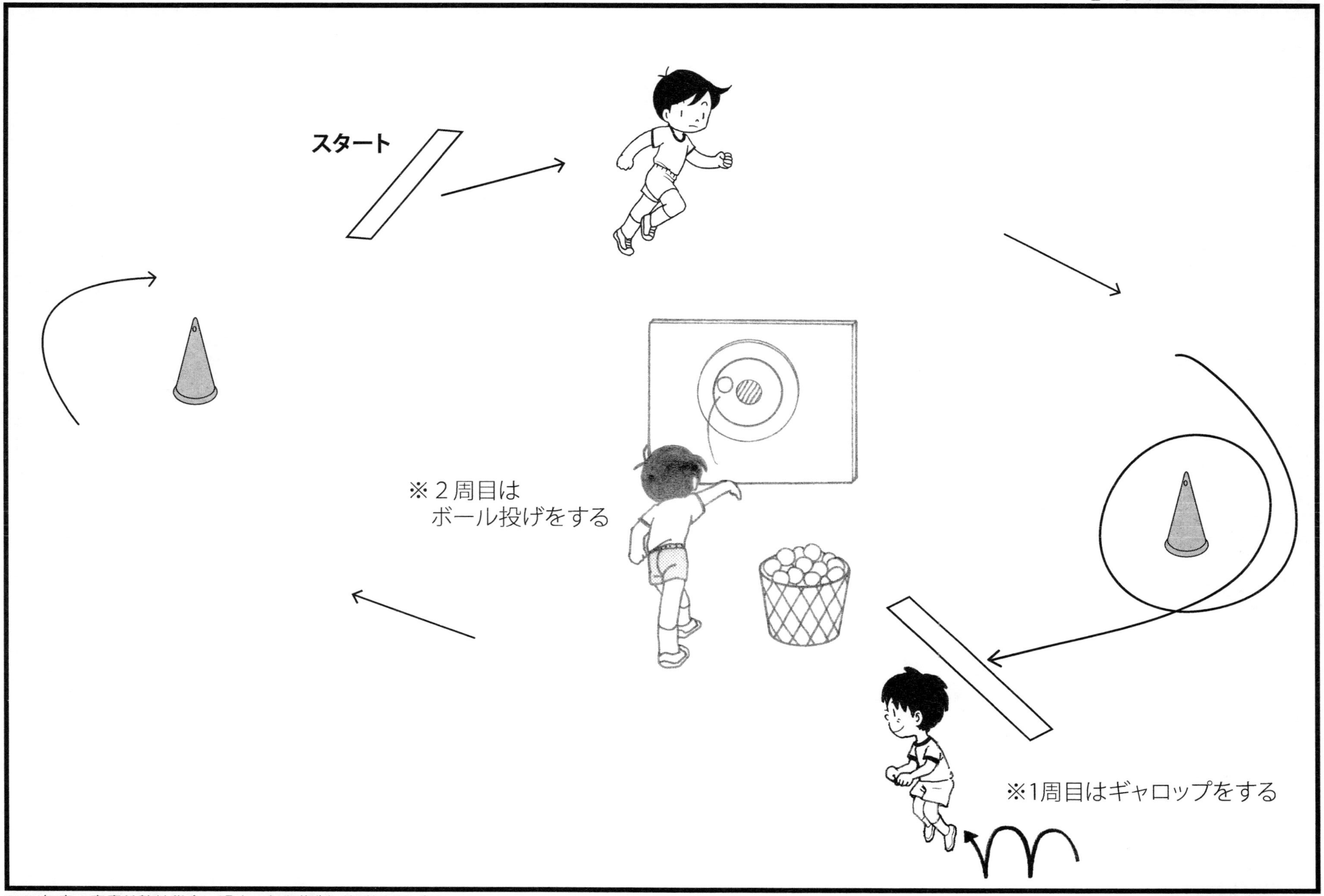
スタート
※２周目は
ボール投げをする
※1周目はギャロップをする

問題２８

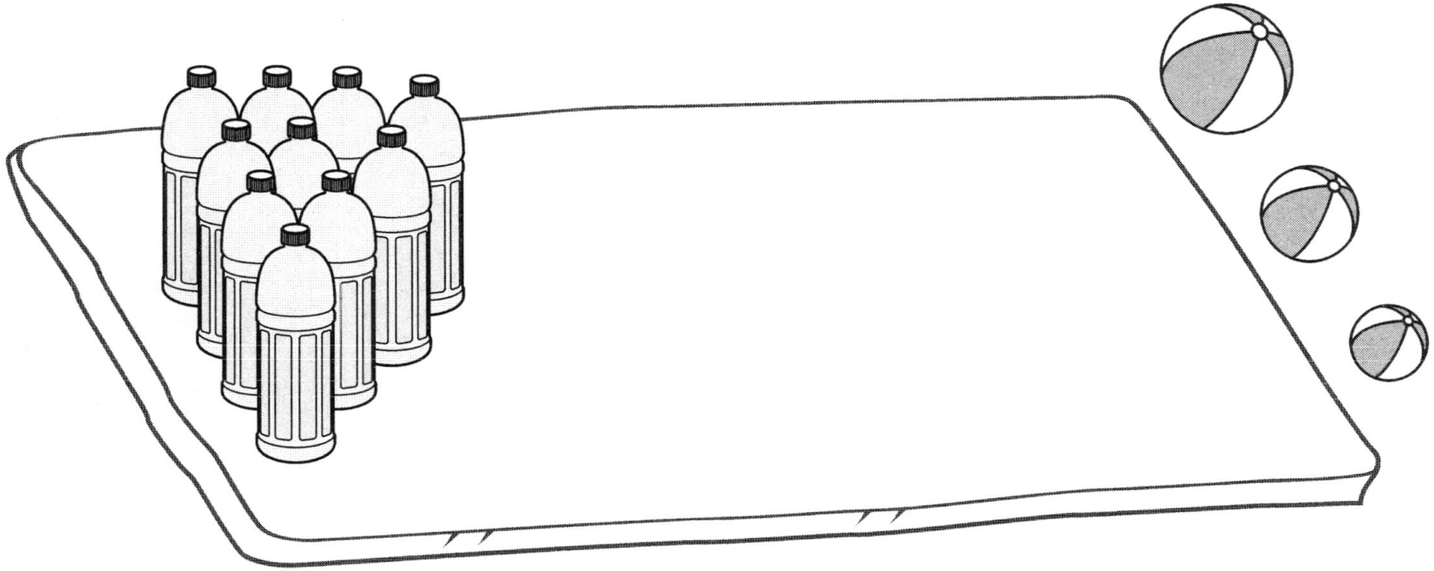

※マットは裏面を使用する

2025 年度　慶應義塾幼稚舎　過去　無断複製／転載を禁ずる　　　　　日本学習図書株式会社

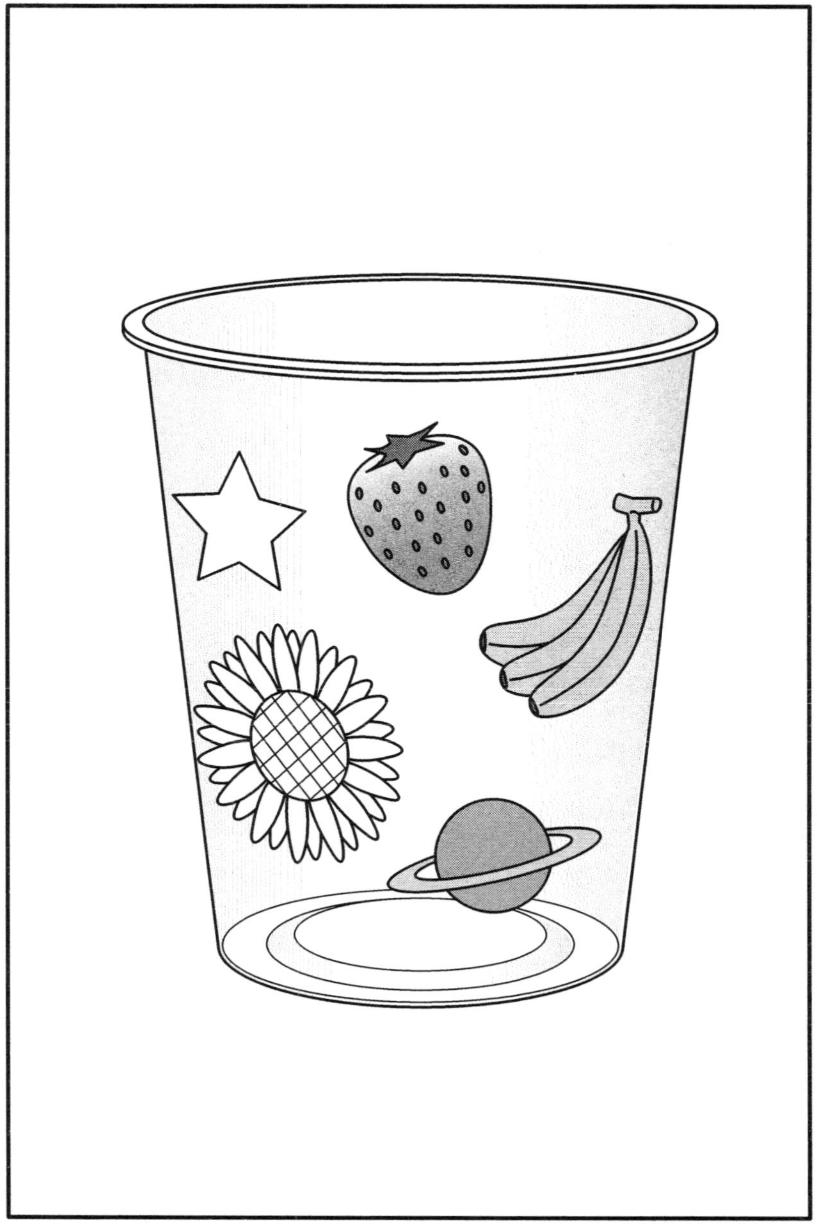

問題３１

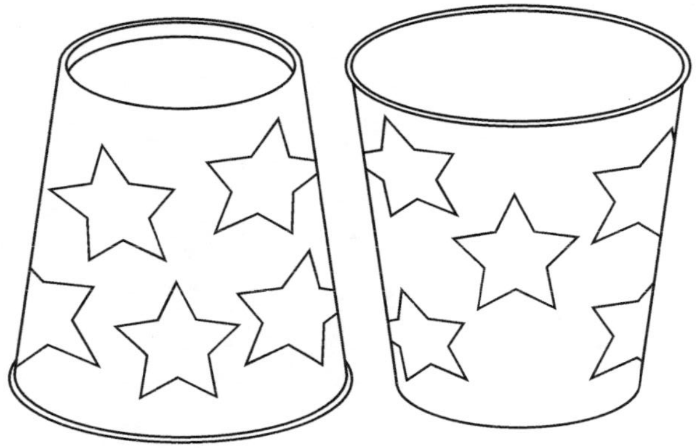

①クレヨンで２つの紙コップの外側に
絵を描く

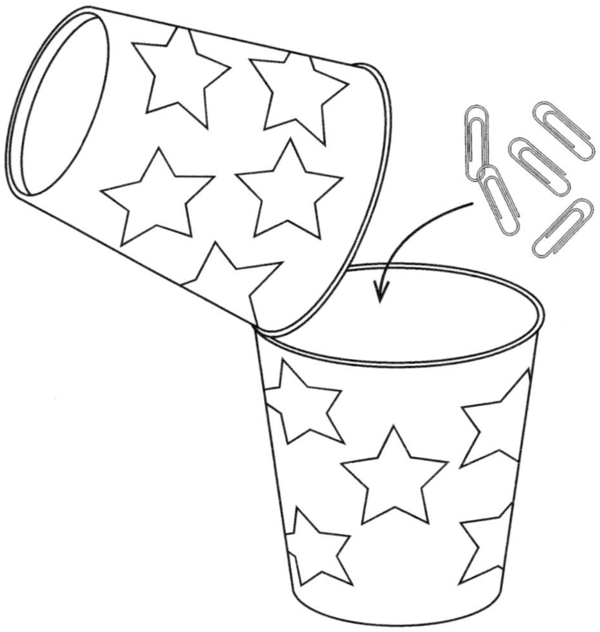

②クリップを数個、紙コップの中に入れる

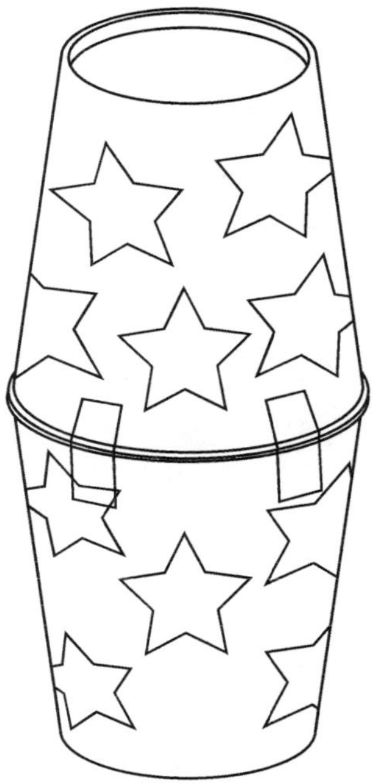

③紙コップの飲み口同士を
セロハンテープで留める

問題３２

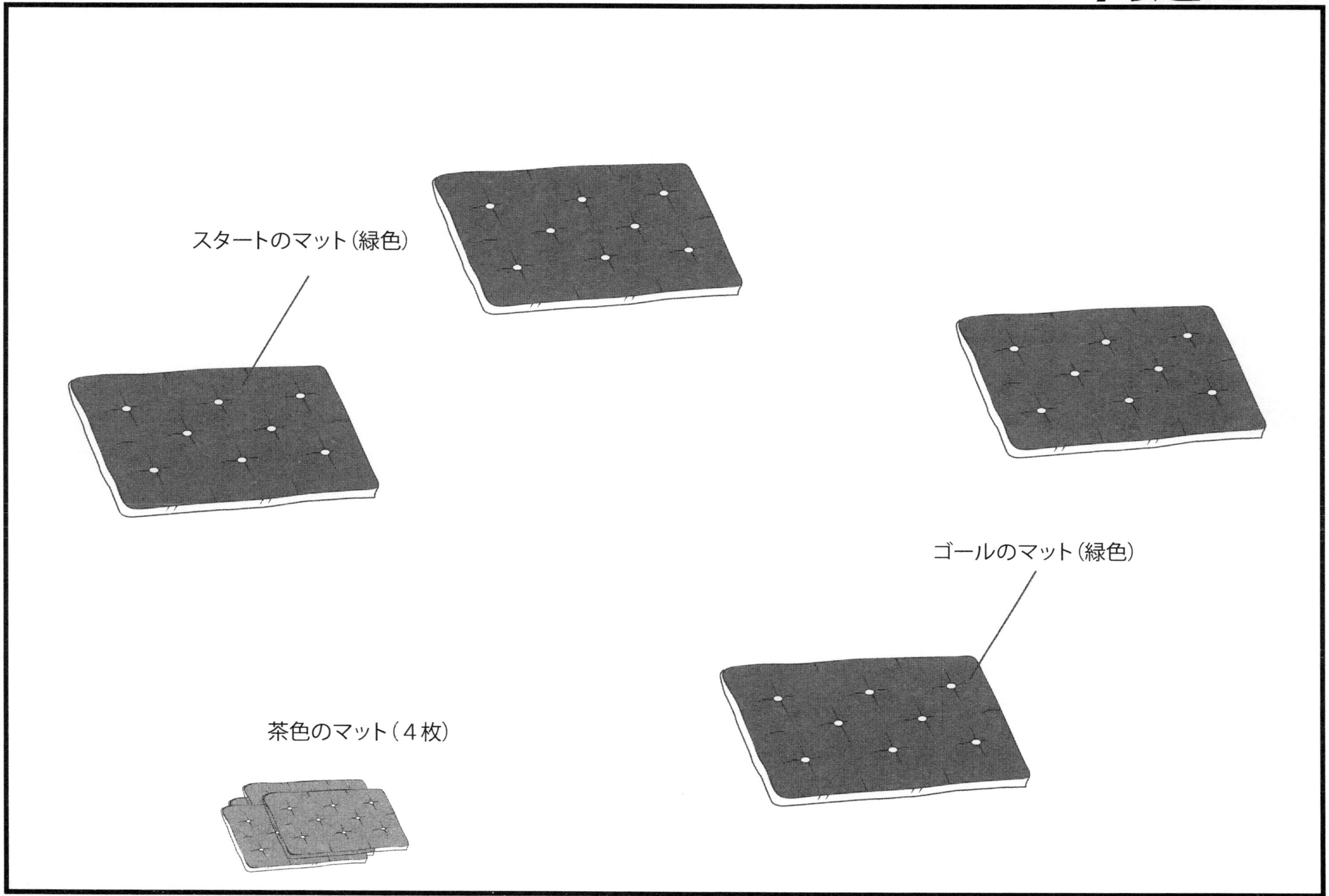
スタートのマット（緑色）
ゴールのマット（緑色）
茶色のマット（４枚）

問題３３

問題４０

※的当て

※輪投げ

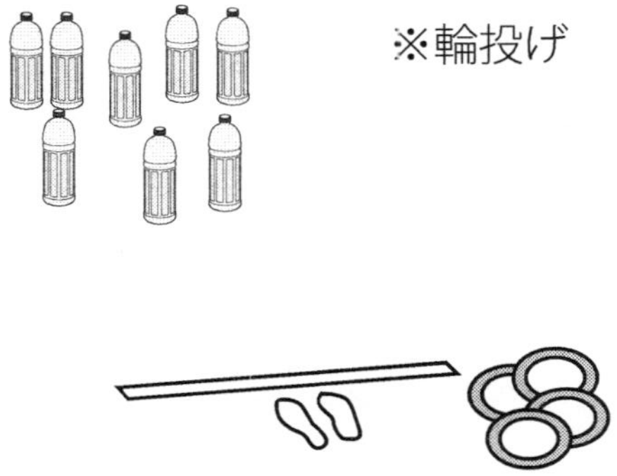

※ミニピアノの遊び

※ミニカー、電車のおもちゃの遊び

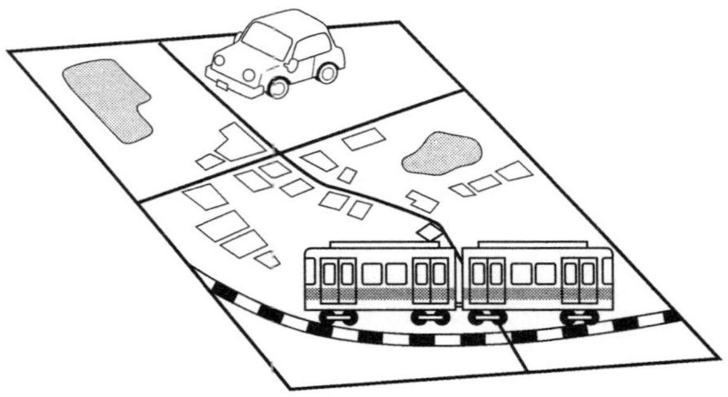

問題４２

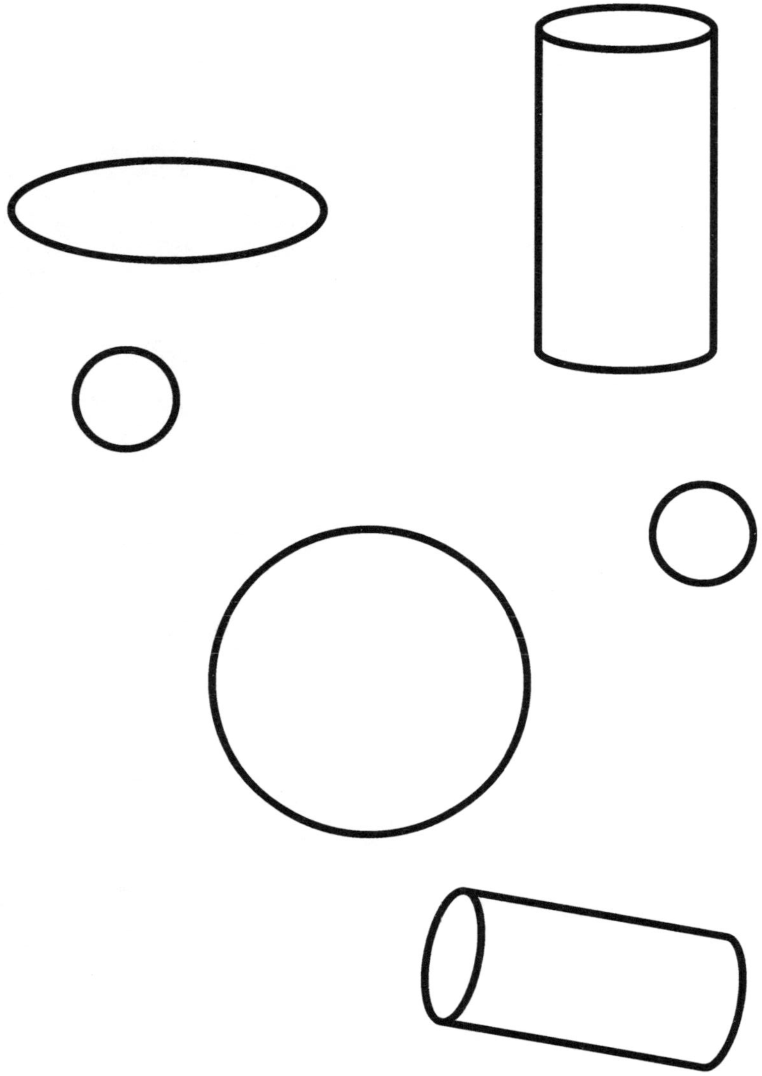

<完成図>

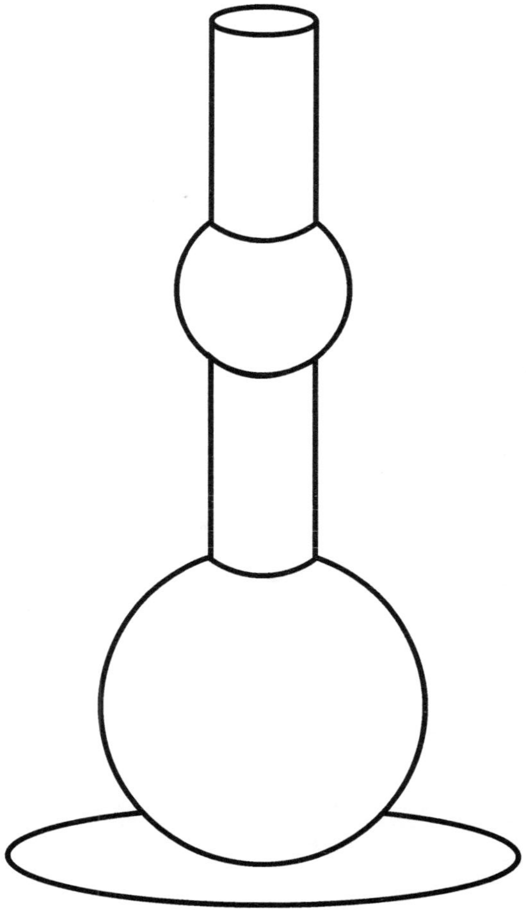

問題４３

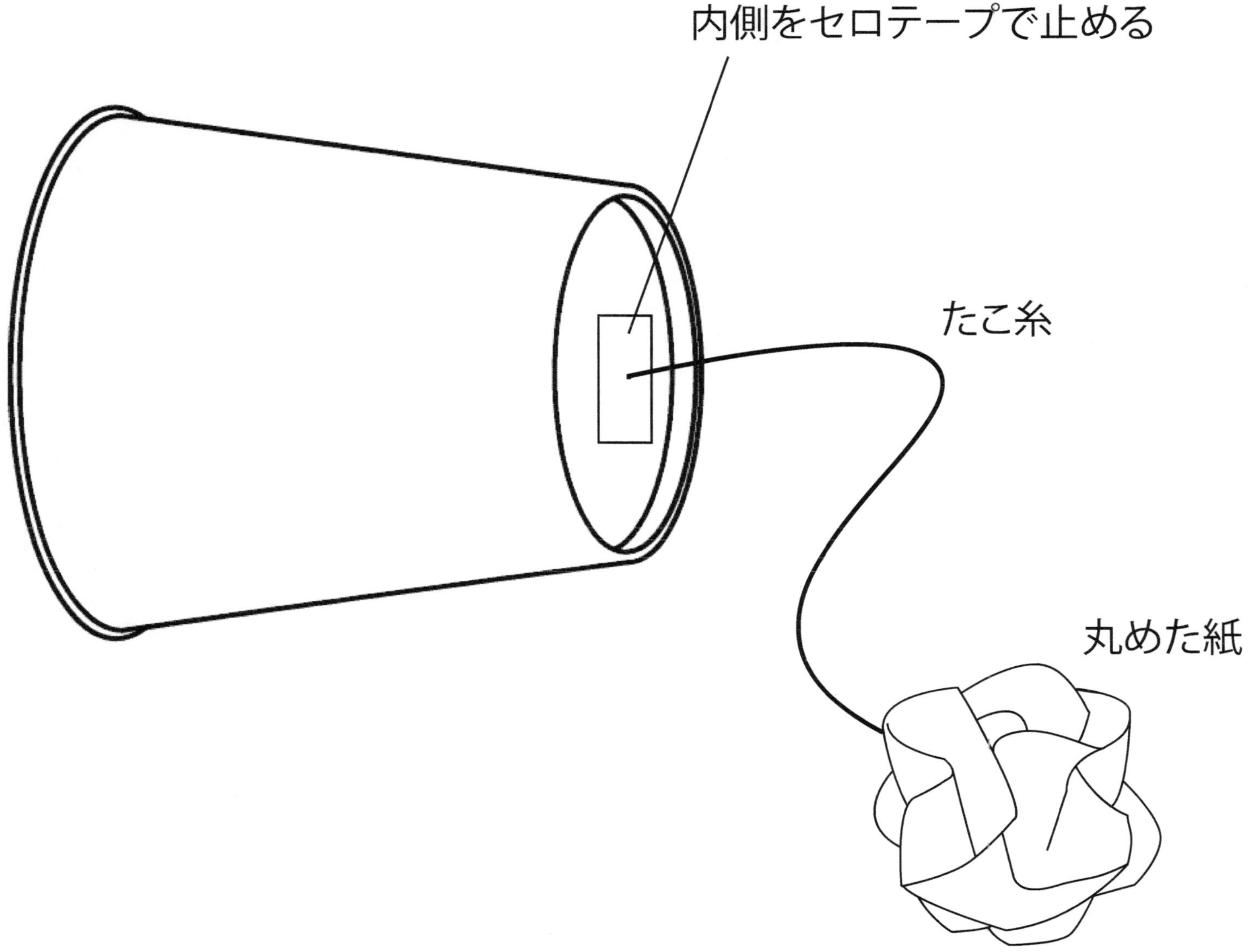

2025 年度　慶應義塾幼稚舎　過去　無断複製／転載を禁ずる　　　　　日本学習図書株式会社

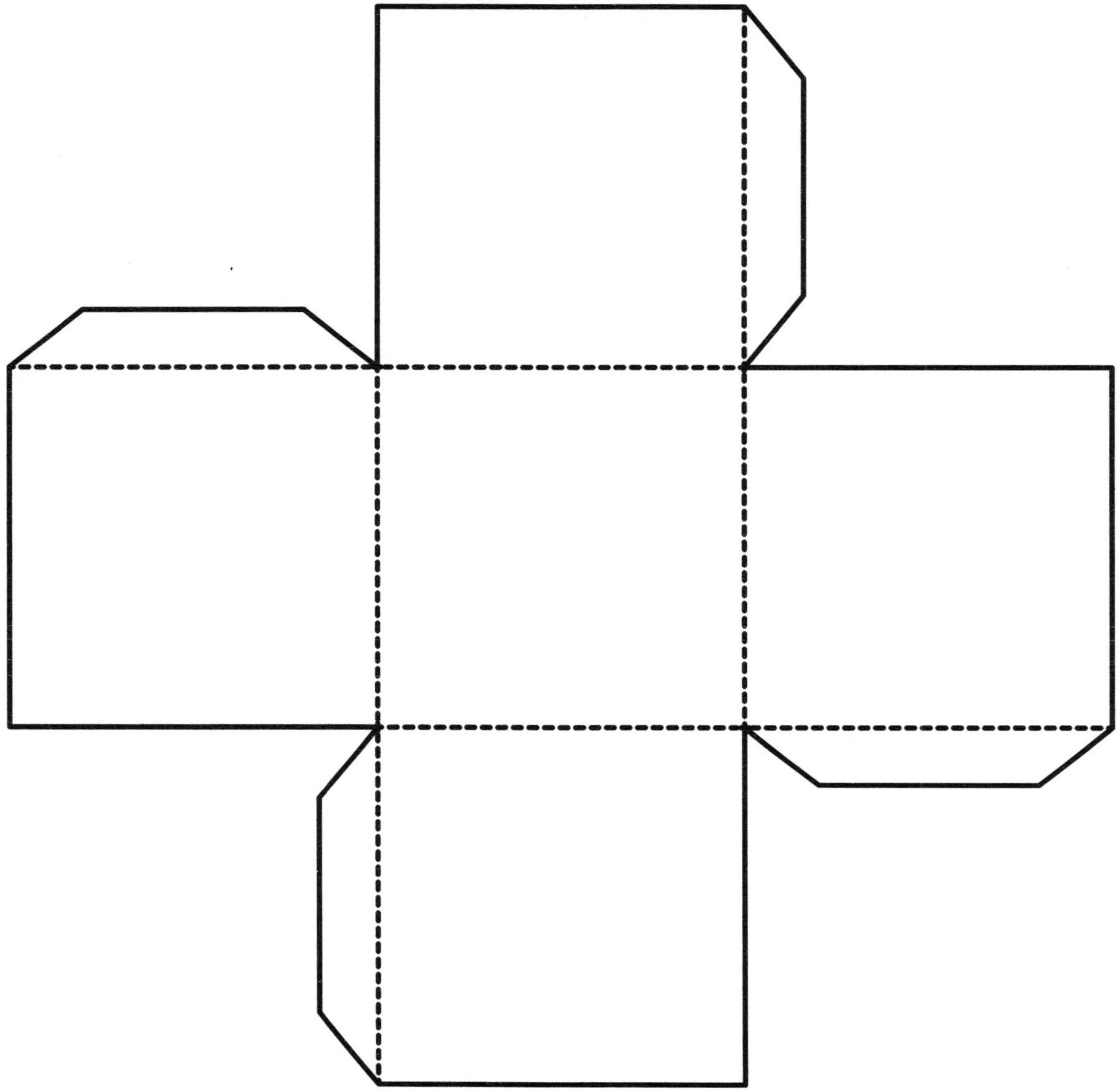

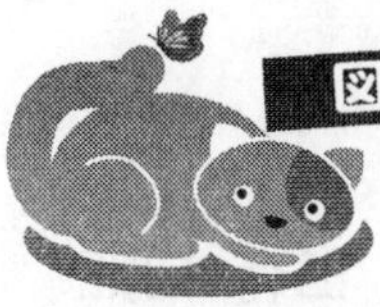

図書カード1000円分プレゼント

ご記入日　　年　月　日

☆国・私立小学校受験アンケート☆

※可能な範囲でご記入下さい。選択肢は○で囲んで下さい。

〈小学校名〉＿＿＿＿＿＿＿＿＿＿　〈お子さまの性別〉男・女　〈誕生月〉＿＿月

〈その他の受験校〉（複数回答可）＿＿＿＿＿＿＿＿＿＿

〈受験日〉①：＿＿月＿＿日　〈時間〉＿＿時＿＿分　～　＿＿時＿＿分

②：＿＿月＿＿日　〈時間〉＿＿時＿＿分　～　＿＿時＿＿分

〈受験者数〉　男女計＿＿名　（男子＿＿名　女子＿＿名）

〈お子さまの服装〉＿＿＿＿＿＿＿＿＿＿

〈入試全体の流れ〉（記入例）準備体操→行動観察→ペーパーテスト

＿＿＿＿＿＿＿＿＿＿

Eメールによる情報提供

日本学習図書では、Eメールでも入試情報を募集しております。

下記のアドレスに、アンケートの内容をご入力の上、メールをお送り下さい。

ojuken@nichigaku.jp

●行動観察　（例）好きなおもちゃで遊ぶ・グループで協力するゲームなど

〈実施日〉＿＿月＿＿日　〈時間〉＿＿時＿＿分　～　＿＿時＿＿分　〈着替え〉□有　□無

〈出題方法〉　□肉声　□録音　□その他（　　　　）　〈お手本〉□有　□無

〈試験形態〉　□個別　□集団（　　　人程度）　〈会場図〉

〈内容〉

□自由遊び

＿＿＿＿＿＿＿＿＿＿

□グループ活動

＿＿＿＿＿＿＿＿＿＿

□その他

＿＿＿＿＿＿＿＿＿＿

●運動テスト（有・無）　（例）跳び箱・チームでの競争など

〈実施日〉＿＿月＿＿日　〈時間〉＿＿時＿＿分　～　＿＿時＿＿分　〈着替え〉□有　□無

〈出題方法〉　□肉声　□録音　□その他（　　　　）　〈お手本〉□有　□無

〈試験形態〉　□個別　□集団（　　　人程度）　〈会場図〉

〈内容〉

□サーキット運動

□走り　□跳び箱　□平均台　□ゴム跳び

□マット運動　□ボール運動　□なわ跳び

□クマ歩き

□グループ活動＿＿＿＿＿＿＿＿＿＿

□その他＿＿＿＿＿＿＿＿＿＿

●知能テスト・口頭試問

〈実施日〉 ＿＿月＿＿日 〈時間〉 ＿＿時＿＿分 ～ ＿＿時＿＿分 〈お手本〉□有 □無

〈出題方法〉 □肉声 □録音 □その他（　　　　　） 〈問題数〉 ＿＿枚 ＿＿問

分野	方法	内容	詳細・イラスト
（例） お話の記憶	☑筆記 □口頭	動物たちが待ち合わせをする話	（あらすじ） 動物たちが待ち合わせをした。最初にウサギさんが来た。次にイヌくんが、その次にネコさんが来た。最後にタヌキくんが来た。 （問題・イラスト） ３番目に来た動物は誰か 
お話の記憶	□筆記 □口頭		（あらすじ） （問題・イラスト）
図形	□筆記 □口頭		
言語	□筆記 □口頭		
常識	□筆記 □口頭		
数量	□筆記 □口頭		
推理	□筆記 □口頭		
その他	□筆記 □口頭		

●制作 （例）ぬり絵・お絵かき・工作遊びなど

〈実施日〉＿＿月＿＿日〈時間〉＿＿時＿＿分＿＿～＿＿時＿＿分

〈出題方法〉 □肉声 □録音 □その他（　　　　　）〈お手本〉□有 □無

〈試験形態〉 □個別 □集団（　　　人程度）

材料・道具	制作内容
□ハサミ □のり（□つぼ □液体 □スティック） □セロハンテープ □鉛筆 □クレヨン（　色） □クーピーペン（　色） □サインペン（　色）□ □画用紙（□ A4 □ B4 □ A3 □その他：　　　　　　） □折り紙 □新聞紙 □粘土 □その他（　　　　　　）	□切る □貼る □塗る □ちぎる □結ぶ □描く □その他（　　　　　） タイトル：＿＿＿＿＿＿＿＿＿＿

●面接

〈実施日〉＿＿月＿＿日〈時間〉＿＿時＿＿分＿＿～＿＿時＿＿分〈面接担当者〉＿＿＿名

〈試験形態〉□志願者のみ（　　）名 □保護者のみ □親子同時 □親子別々

〈質問内容〉

□志望動機　□お子さまの様子

□家庭の教育方針

□志望校についての知識・理解

□その他（　　　　　　　　　　）

（　詳　細　）

・

・

・

・

※試験会場の様子をご記入下さい。

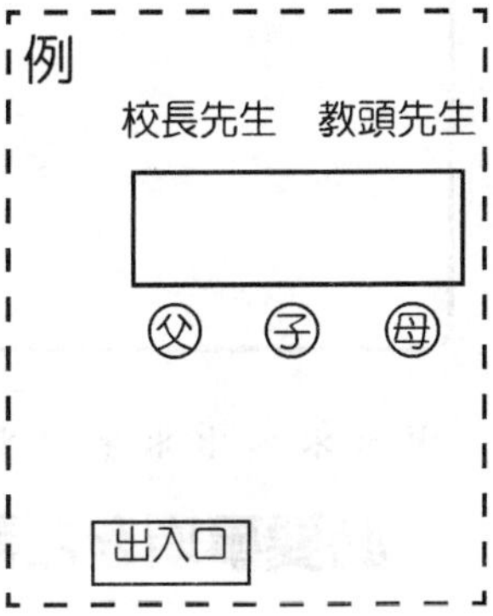

●保護者作文・アンケートの提出（有・無）

〈提出日〉 □面接直前　□出願時　□志願者考査中　□その他（　　　　　）

〈下書き〉 □有　□無

〈アンケート内容〉

（記入例）当校を志望した理由はなんですか（150字）

●説明会（□有　□無）〈開催日〉＿＿月＿＿日〈時間〉＿＿時＿＿分＿～＿＿時＿＿分

〈上履き〉　□要　□不要　〈願書配布〉　□有　□無　〈校舎見学〉　□有　□無

〈ご感想〉

●参加された学校行事（複数回答可）

公開授業〈開催日〉＿＿月＿＿日〈時間〉＿＿時＿＿分＿～＿＿時＿＿分

運動会など〈開催日〉＿＿月＿＿日〈時間〉＿＿時＿＿分＿～＿＿時＿＿分

学習発表会・音楽会など〈開催日〉＿＿月＿＿日〈時間〉＿＿時＿＿分＿～＿＿時＿＿分

〈ご感想〉

※是非参加したほうがよいと感じた行事について

●受験を終えてのご感想、今後受験される方へのアドバイス

※対策学習（重点的に学習しておいた方がよい分野）、当日準備しておいたほうがよい物など

＊＊＊＊＊＊＊＊＊＊＊＊＊　ご記入ありがとうございました　＊＊＊＊＊＊＊＊＊＊＊＊＊

必要事項をご記入の上、ポストにご投函ください。

なお、本アンケートの送付期限は入試終了後３ヶ月とさせていただきます。また、入試に関する情報の記入量が当社の基準に満たない場合、謝礼の送付ができないことがございます。あらかじめご了承ください。

ご住所：〒＿＿＿＿＿＿＿＿＿＿＿＿＿＿＿＿＿＿＿＿

お名前：＿＿＿＿＿＿＿＿＿＿　メール：＿＿＿＿＿＿＿＿＿＿

ＴＥＬ：＿＿＿＿＿＿＿＿＿＿　ＦＡＸ：＿＿＿＿＿＿＿＿＿＿

ご記入頂いた個人に関する情報は、当社にて厳重に管理致します。弊社の個人情報取り扱いに関する詳細は、www.nichigaku.jp/policy.php の「個人情報の取り扱い」をご覧下さい。

分野別 小学入試練習帳 ジュニアウォッチャー

1. 点・線図形	小学校入試で出題頻度の高い『点・線図形』の模写を、難易度の低いものから段階別に幅広く練習することができるように構成。
2. 座標	図形の位置模写という作業を、難易度の低いものから段階別に練習できるように構成。
3. パズル	様々なパズルの問題を難易度の低いものから段階別に練習できるように構成。
4. 同図形探し	小学校入試で出題頻度の高い、同図形選びの問題を繰り返し練習できるように構成。
5. 回転・展開	図形などを回転、または展開したとき、形がどのように変化するかを学習し、理解を深められるように構成。
6. 系列	数、図形などの様々な系列問題を、難易度の低いものから段階別に練習できるように構成。
7. 迷路	迷路の問題を繰り返し練習できるように構成。
8. 対称	対称に関する問題を４つのテーマに分類し、各テーマごとに問題を段階別に練習できるように構成。
9. 合成	図形の合成に関する問題を、難易度の低いものから段階別に練習できるように構成。
10. 四方からの観察	もの（立体）を様々な角度から見て、どのように見えるかを推理する問題を段階別に整理し、１つの形式で複数の問題を練習できるように構成。
11. いろいろな仲間	ものや動物、植物の共通点を見つけ、分類していく問題を中心に構成。
12. 日常生活	日常生活における様々な問題を６つのテーマに分類し、各テーマごとに一つの問題形式で複数の問題を練習できるように構成。
13. 時間の流れ	『時間』に着目し、様々なものごとは、時間が経過するとどのように変化するのかということを学習し、理解できるように構成。
14. 数える	様々なものを『数える』ことから、数の多少の判定やかけ算、わり算の基礎までを練習できるように構成。
15. 比較	比較に関する問題を５つのテーマ（数、高さ、長さ、量、重さ）に分類し、各テーマごとに問題を段階別に練習できるように構成。
16. 積み木	数える対象を積み木に限定した問題集。
17. 言葉の音遊び	言葉の音に関する問題を５つのテーマに分類し、各テーマごとに問題を段階別に練習できるように構成。
18. いろいろな言葉	表現力をより豊かにするいろいろな言葉として、擬態語や擬声語、同音異義語、反意語、数詞を取り上げた問題集。
19. お話の記憶	お話を聴いてその内容を記憶、理解し、設問に答える形式の問題集。
20. 見る記憶・聴く記憶	「見て憶える」「聴いて憶える」という『記憶』分野に特化した問題集。
21. お話作り	いくつかの絵を元にしてお話を作る練習をして、想像力を養うことができるように構成。
22. 想像画	描かれてある形や景色に好きな絵を描くことにより、想像力を養うことができるように構成。
23. 切る・貼る・塗る	小学校入試で出題頻度の高い、はさみやのりなどを用いた巧緻性の問題を繰り返し練習できるように構成。
24・絵画	小学校入試で出題頻度の高い、お絵かきやぬり絵などクレヨンやクーピーペンを用いた巧緻性の問題を繰り返し練習できるように構成。
25. 生活巧緻性	小学校入試で出題頻度の高い日常生活の様々な場面における巧緻性の問題集。
26. 文字・数字	ひらがなの清音、濁音、拗音、拗長音、促音と１～20までの数字に焦点を絞り、練習できるように構成。
27. 理科	小学校入試で出題頻度が高くなりつつある理科の問題を集めた問題集。
28. 運動	出題頻度の高い運動問題を種目別に分けて構成。
29. 行動観察	項目ごとに問題提起をし、「このような時にどうか、あるいはどう対処するのか」の観点から問いかける形式の問題集。
30. 生活習慣	学校から家庭に提起された問題と思って、一問一問絵を見ながら話し合い、考える形式の問題集。

31. 推理思考	数、量、言語、常識（含理科、一般）など、諸々のジャンルから問題を構成し、近年の小学校入試問題傾向に沿って構成。
32. ブラックボックス	箱や筒の中を通ると、どのようなお約束でどのように変化するかを推理・思考する問題集。
33. シーソー	重さの違うものをシーソーに乗せた時どちらに傾くのか、またどうすればシーソーは釣り合うのかを思考する基礎的な問題集。
34. 季節	様々な行事や植物などを季節別に分類できるように知識をつける問題集。
35. 重ね図形	小学校入試で頻繁に出題されている「図形を重ね合わせてできる形」についての問題を集めました。
36. 同数発見	様々な物を数え「同じ数」を発見し、数の多少の判断や数の認識の基礎を学べるように構成した問題集。
37. 選んで数える	数の学習の基本となる、いろいろなものの数を正しく数える学習を行う問題集。
38. たし算・ひき算１	数字を使わず、たし算とひき算の基礎を身につけるための問題集。
39. たし算・ひき算２	数字を使わず、たし算とひき算の基礎を身につけるための問題集。
40. 数を分ける	数を等しく分ける問題です。等しく分けたときに余りが出るものもあります。
41. 数の構成	ある数がどのような数で構成されているか学んでいきます。
42. 一対多の対応	一対一の対応から、一対多の対応まで、かけ算の考え方の基礎学習を行います。
43. 数のやりとり	あげたり、もらったり、数の変化をしっかりと学びます。
44. 見えない数	指定された条件から数を導き出します。
45. 図形分割	図形の分割に関する問題集。パズルや合成の分野にも通じる様々な問題を集めました。
46. 回転図形	「回転図形」に関する問題集。やさしい問題から始め、いくつかの代表的なパターンから、段階を踏んで学習できるよう編集されています。
47. 座標の移動	「マス目の指示通りに移動する問題」と「指示された数だけ移動する問題」を収録。
48. 鏡図形	鏡で左右反転させた時の見え方を考えます。平面図形から立体図形、文字、絵まで。
49. しりとり	すべての学習の基礎となる「言葉」を学ぶこと、特に「語彙」を増やすことに重点をおき、さまざまなタイプの「しりとり」問題を集めました。
50. 観覧車	観覧車やメリーゴーラウンドなどを舞台にした「回転系列」の問題集。「推理思考」分野の問題ですが、要素として「図形」や「数量」も含みます。
51. 運筆①	鉛筆の持ち方を学び、点線なぞり、お手本を見ながらの模写で、線を引く練習をします。
52. 運筆②	運筆①からさらに発展し、「欠所補完」や「迷路」などを楽しみながら、より複雑な鉛筆運びを習得することを目指します。
53. 四方からの観察 積み木編	積み木を使用した「四方からの観察」に関する問題を練習できるように構成。
54. 図形の構成	見本の図形がどのような部分によって形づくられているかを考えます。
55. 理科②	理科的知識に関する問題を集中して練習する「常識」分野の問題集。
56. マナーとルール	道路や駅、公共の場でのマナー、安全や衛生に関する常識を学べるように構成。
57. 置き換え	さまざまな具体的・抽象的事象を記号で表す「置き換え」の問題を扱います。
58. 比較②	長さ・高さ・体積・数などを数学的な知識を使わず、論理的に推測する「比較」の問題を練習できるように構成。
59. 欠所補完	線と線のつながり、欠けた絵に当てはまるものなどを求める「欠所補完」に取り組める問題集です。
60. 言葉の音（おん）	しりとり、決まった順番の音をつなげるなど、「言葉の音」に関する問題に取り組める練習問題集です。

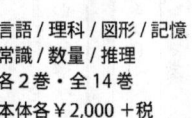

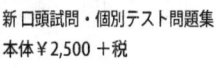

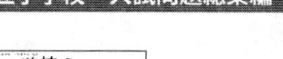

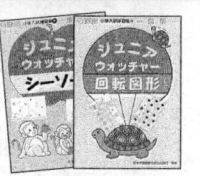

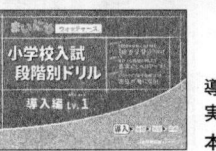

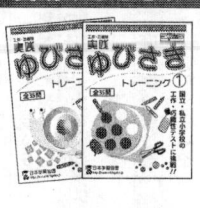

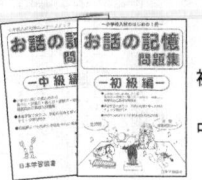

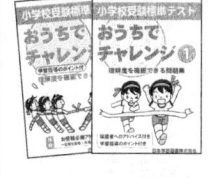

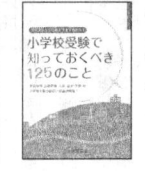

慶應義塾幼稚舎　専用注文書

年　　月　　日

試験の特徴をおさえて、効果的な学習ステップをふみましょう。

＊当校の３つのポイント＊

1 コミュニケーション力を磨く

指示を聞き、理解することの大切さがノンペーパテストでは通常の試験より、さらに大きくなります。

2 集団行動は積極的に

２次試験は、行動観察や運動など、集団活動がメインです。大胆かつ積極的に取り組む力が必要です。

3 表現力を磨く

２次試験には、制作・絵画分野の課題がかならずあります。「時間内に個性を表現する力」を訓練しましょう。

分野	書　名	価格(税込)	注文	分野	書　名	価格(税込)	注文
巧緻性	Ｊｒ・ウォッチャー 22「想像画」	1,650 円	冊		1 話 5 分の読み聞かせお話集①②	1,980 円	各　冊
巧緻性	Ｊｒ・ウォッチャー 23「切る・貼る・塗る」	1,650 円	冊		実践 ゆびさきトレーニング①②③	2,750 円	各　冊
巧緻性	Ｊｒ・ウォッチャー 24「絵画」	1,650 円	冊		小学校受験で知っておくべき 125 のこと	2,860 円	冊
運動	Ｊｒ・ウォッチャー 28「運動」	1,650 円	冊		新 小学校受験の入試面接Ｑ＆Ａ	2,860 円	冊
観察	Ｊｒ・ウォッチャー 29「行動観察」	1,650 円	冊		新 願書・アンケート文例集 500	2,860 円	冊

合計	冊	円

(フリガナ) 氏　名	電　話 ＦＡＸ E-mail
住 所 〒　　　－	以前にご注文されたことはございますか。 有　・　無

★お近くの書店、または記載の電話・FAX・ホームページにてご注文をお受けしております。
電話：03-5261-8951　FAX：03-5261-8953　代金は書籍合計金額＋送料がかかります。
※なお、落丁・乱丁以外の理由による商品の返品・交換には応じかねます。

★ご記入頂いた個人に関する情報は、当社にて厳重に管理致します。なお、ご購入の商品発送の他に、当社発行の書籍案内、書籍に関する調査に使用させて頂く場合がございますので、予めご了承ください。

日本学習図書株式会社
https://www.nichigaku.jp

家庭学習をトータルサポート！ ニチガクのオリジナル 効果的 学習法

1 まずはアドバイスページを読む！

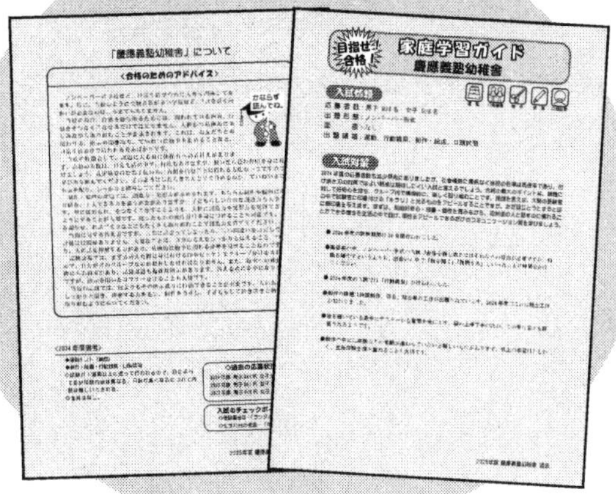

ピンク色です

対策や試験ポイントがぎっしりつまった「家庭学習ガイド」。分野アイコンで、試験の傾向をおさえよう！

2 問題をすべて読み、出題傾向を把握する

3 「アドバイス」で学校側の観点や問題の解説を熟読

4 はじめて過去問題にチャレンジ！

5 プラスα 対策問題集や類題で力を付ける

過去問のこだわり

最新問題は問題ページ、イラストページ、解答・解説ページが独立しており、お子さまにすぐに取り掛かっていただける作りになっています。
ニチガクの学校別問題集ならではの、学習法を含めたアドバイスを利用して効率のよい家庭学習を進めてください。

各問題のジャンル

問題4 分野：系列

〈準 備〉 クーピーペン（赤）

〈問 題〉 左側に並んでいる3つの形を見てください。真ん中の抜けているところには右側のどの四角が入ると繋がるでしょうか。右側から探して○を付けてください。

〈時 間〉 30秒

〈解 答〉 ①真ん中　②右　③左

アドバイス

複雑な系列の問題です。それぞれの問題がどのような約束で構成されているのか確認をしましょう。この約束が理解できていないと問題を解くことができません。また、約束を見つけるとき、一つの視点、考えに固執するのではなく、色々と着眼点を変えてとらえるようにすることで発見しやすくなります。この問題では、①と②は中の模様が右の方へまっすぐ1つずつ移動しています。③は4つの矢印が右の方へ回転して1つずつ移動しています。それぞれ移動のし方が違うことに気が付きましたでしょうか。系列にも様々な出題がありますので、このような系列の問題も学習しておくことをおすすめ致します。系列の問題は、約束を早く見つけることがポイントです。

【おすすめ問題集】
Ｊｒ・ウォッチャー６「系列」

アドバイス

各問題の解説や学校の観点、指導のポイントなどを教えます。
今日から保護者の方が家庭学習の先生に！

おすすめ対策問題集

分野ごとに対策問題集をご紹介。苦手分野の克服に最適です！
＊専用注文書付き。

2025年度版　慶應義塾幼稚舎　過去問題集

発行日　2024年6月11日
発行所　〒162-0821 東京都新宿区津久戸町 3-11-9F
日本学習図書株式会社
電　話　03-5261-8951 ㈹

ISBN978-4-7761-5547-8

C6037 ¥2100E

定価2,310円
(本体2,100円＋税10%)

詳細は https://www.nichigaku.jp　日本学習図書　検索